L'HOMME

ET

LES ANIMAUX

ESSAI DE PSYCHOLOGIE POSITIVE

PAR LE

Marquis J.-B. François BOURBON DEL MONTE

Ἄπανθ' ὁ μακρὸς κἀναρίθμητος χρόνος
φύει τ' ἄδηλα, καὶ φανέντα κρύπτεται.
SOPHOCLE.

AVEC 3 PLANCHES LITHOGRAPHIÉES

❧⸎❧

PARIS

LIBRAIRIE GERMER BAILLIÈRE ET Cie

108, BOULEVARD SAINT-GERMAIN, 108

Au coin de la rue Hautefeuille.

Les planches ont
été faites en allemagne
M. gonner n'est que le
dépositaire de l'ouvrage
et ne peut les fournir

———

Mq. le cahier 5, p. 6?-8?, remplacé par un
double du cahier 9, p. 133-148.

L'HOMME ET LES ANIMAUX

410. — ABBEVILLE. — TYP. ET STÉR. GUSTAVE RETAUX.

L'HOMME

ET

LES ANIMAUX

ESSAI DE PSYCHOLOGIE POSITIVE

PAR LE

Marquis J.-B. François BOURBON DEL MONTE

'Απανθ' ὁ μακρὸς κἀναρίθμητος χρόνος
φύει τ' ἄδηλα, καὶ φανέντα κρύπτεται.
SOPHOCLE.

AVEC 3 PLANCHES LITHOGRAPHIÉES

⧞⧞⧞⧞⧞⧞⧞

PARIS

LIBRAIRIE GERMER BAILLIÈRE ET Cie

108, BOULEVARD SAINT-GERMAIN, 108

Au coin de la rue Hautefeuille.

—

1877

©

PRÉFACE

Ce qui m'a donné l' le d'écrire cet essai, ç'a été le sujet mis au concours de 1870 par l'Académie des sciences morales et politiques (1).

L'Académie elle-même avait trouvé, semble-t-il, la question épineuse et ardue car en 1874 aucun ouvrage n'avait encore été jugé digne du prix; et le concours avait été prorogé jusqu'à la fin de 1875. Ce fut alors que la pensée me vint de concourir à mon tour. Habitant souvent la campagne, j'avais eu le loisir d'étudier les mœurs des animaux ; et ce sujet m'avait toujours vivement intéressé : j'avais fait

1. Voici les cinq questions du programme de l'Académie :
« 1° Quels sont les phénomènes psychologiques que l'on peut consulter avec plus de certitude chez les animaux? »
« 2° Déterminer les lois de ces phénomènes et leurs rapports avec les conditions de la vie organique. »
« 3°. Y a-t-il des espèces animales qui soient capables de certains actes d'intelligence et de volonté parfaitement distincts des effets spontanés et irrésistibles de l'instinct? Quelles sont les lois qui président à ces actes? Quelles sont les limites dans lesquelles ils sont circonscrits et qui les séparent absolument de l'intelligence et de la volonté humaines ? »
« 4° Quelles sont les conséquences que l'on peut tirer des phénomènes psychologiques de la vie animale par rapport au principe de ces phénomènes ? »
« 5° Examen critique des différentes théories par lesquelles les philosophes et les physiologistes ont essayé d'expliquer l'intelligence et la sensibilité des animaux? »

quelques observations que je croyais neuves et je n'hé-
sitai pas à mettre sur le papier mes idées bonnes ou
mauvaises et à soumettre mon travail au jugement de l'Académie.

Ce n'est pas que j'espérasse obtenir le prix : la manière
même dont la question était posée et ma façon de la résoudre m'interdisaient cet espoir. Ce fut donc uniquement
par déférence pour une des plus illustres Académies de
l'Europe que je pris cette décision.

Le prix a été décerné naturellement à celui dont le travail répondait le mieux aux tendances indiquées dans le programme même : il a été remporté par M. Joly, professeur
à la Faculté de Dijon. Je n'ai pu mettre la main sur l'ouvrage couronné, je ne sais même pas s'il a été publié encore,
mais à en juger par les éloges que lui prodigue le rapporteur de l'Académie M. Lévêque et par les objections qui lui
ont été faites dans une autre séance au sein même de
l'Académie par M. Bersot, il semblerait que le lauréat n'a
été que trop fidèle à la pensée qui inspire le programme :
1° en expliquant par un mot vague et mal défini, l'*instinct*,
toutes les actions réflexes de l'animal ; 2° en adoptant exclusivement la méthode psychologique et subjective vantée
comme la seule bonne, la seule pouvant conduire à d'heureux résultats par le rapporteur académique (1).

---

1. *Séances et travaux de l'Académie des sciences morales et politiques*, livraison du mois de janvier 1877, p. 123.

Comme en ce qui me concerne, j'ai cru devoir adopter une toute autre méthode : comme j'ai cru ne pas devoir regarder comme non avenues toutes les découvertes scientifiques faites par l'humanité au moyen des sciences expérimentales dans ces derniers siècles et surtout dans le nôtre. Comme je crois qu'en prenant pour base le moi comme Fichte on ne saurait aboutir qu'à l'idéalisme pur, c'est-à-dire à l'impuissance et au scepticisme. Comme je crois l'ère de la science positive arrivée et que je regarde la psychologie comme un complément important et une contre-épreuve, mais rien que comme un complément et une contre-épreuve des résultats des sciences positives (1). Comme enfin, pour ce qui concerne l'instinct, je crois avoir mis en lumière sa véritable signification et avoir prouvé qu'il a tout autant de part dans les actes de l'homme que dans ceux des animaux (2), j'ose publier cet essai après l'avoir remanié, refondu et augmenté au moins d'un bon tiers.

Qu'on me permette maintenant une réflexion.

Quand on compare les académies qui existent de nos jours à celles qui existaient autrefois et jusqu'au dernier siècle, on peut constater, par cela seul, l'immense progrès fait par l'esprit humain. Quelle différence entre l'Académie

1. Wundt Vorlesungen, *Uber die Menschen-und Thierseele* ; voir surtout huitième et neuvième leçon, où il prouve que le procédé psychologique aboutit exactement au même résultat que le procédé physiologique et qu'il lui sert de contrôle.
2. Chap. IX.

des sciences morales et politiques d'aujourd'hui et l'ancienne Sorbonne, par exemple! L'académie d'aujourd'hui n'anathématise pas les écrits jugés subversifs; elle ne les condamne pas à être brûlés par la main du bourreau comme les *Provinciales* de Pascal et les œuvres de Buffon (1) le furent par sa devancière pour vice d'hétérodoxie et d'irréligion, pour attaque au dogme établi.

Aujourd'hui il ne saurait plus être question de dogme; et les académies actuelles ne semblent exiger qu'un minimum de croyances religieuses qui se réduit à peu près à ces trois choses : l'existence de Dieu, l'immortalité de l'âme et le libre arbitre. Ce sont en somme les dogmes de l'éclectisme qui remplacent les dogmes de l'Église et ces dogmes soigneusement triés sur le volet ne sont que la quintessence ou pour mieux dire le résidu des diverses théogonies ou théologies du passé assemblées tant bien que mal et juxtaposées arbitrairement.

Quant aux doctrines censées subversives et qui se résument et se concentrent aujourd'hui dans le transformisme, on se contente de vouloir qu'on les combatte, et encore par les armes courtoises et avec modération, en tenant compte des raisons de son adversaire (2).

Quelle différence de procédés! Les académies modernes combattent le transformisme mais elles en sont elles-

1. Buffon dut se rétracter.
2. *Séances et travaux, etc.*, p. 123-24.

mêmes imprégnées, que dis-je? elles sont une preuve vivante et heureuse de la transformation et de l'accommodation
successive des êtres aux nouveaux milieux qui les entourent;
et, comme le prophète Balaam, elles se voient forcées de
bénir là où elles voudraient maudire. Elles laissent aux
églises la malédiction et l'anathème pour n'employer que
les arguments philosophiques. Les Églises, elles, ne se transforment pas, mais elles sont aussi, à leur manière, une preuve
de l'évolution générale du monde, en ce sens, qu'elles
dégénèrent peu à peu et se comportent vis-à-vis des sociétés
nouvelles comme les organes devenus rudimentaires qui
ne sont plus d'aucun usage, qui gênent même souvent l'é-
conomie du nouvel organisme et qui sont condamnés à
être expulsés lentement et graduellement par le travail du
temps comme des corps étrangers que les générations
futures vont rejeter inexorablement de leur sein.

Nous n'aurions donc qu'une seule critique à adresser à
l'Académie des sciences morales et politiques qui, en met-
tant le sujet au concours, posait ainsi la question :

« Y a-t-il des espèces animales qui soient capables de
certains actes d'intelligence et de volonté parfaitement distincts des effets spontanés et irrésistibles de l'instinct?
Quelles sont les lois qui président à ces actes? Quelles sont
les limites dans lesquelles ils sont circonscrits et *qui les séparent absolument* de la conscience et de la volonté humaines? »

S'exprimer ainsi n'est-ce pas indiquer d'avance la solution ? n'est-ce pas imposer une sorte de contrainte à celui qu'on engage à étudier une question, en lui faisant clairement entendre qu'il ne saurait être approuvé s'il s'écarte d'une seule ligne du cercle qu'on a soin de lui tracer d'avance ?

Ce cercle n'est autre chose que le cercle de l'éclectisme. Or, ce qui manque à l'éclectisme, c'est justement une base scientifique et positive ; et ses prétendus dogmes ne sont pas moins arbitraires et cérébrins que les dogmes des églises.

Voilà pourquoi nous n'avons pas reculé devant la publication de cet ouvrage, où nous prenons un point de départ qui est en dehors du cadre tracé par l'Académie et qui, par conséquent, ne saurait être approuvé par elle. Heureux si nous avons réussi à jeter, ne fût-ce qu'un rayon de lumière sur une aussi importante question (1) !

---

1. Dans une des dernières séances de l'Académie de médecine la question a été discutée, à propos d'un travail d'un M. Fournié qui semble dénier toute intelligence aux bêtes et adopter presque entièrement la théorie mécanique de Descartes. Un grand tumulte s'est élevé à la lecture de cet ouvrage qui ne contient guère que des affirmations sans preuves ; et il a été impossible de continuer la séance. Bien des voix se sont écriées : « L'animal pense et parle ; l'animal pense et parle. »

L'HOMME ET LES ANIMAUX

INTRODUCTION

CHAPITRE PREMIER

DOCTRINE MODERNE DE L'ÉVOLUTION.

La doctrine de la variabilité des espèces est aussi importante pour le progrès des sciences physiques et anthropologiques que la découverte du mouvement de la terre l'a été autrefois pour l'astronomie. — Mauvaise définition de l'espèce. — Théorie des générations spontanées. — Elle n'est pas suffisamment démontrée. — Le préjugé théologique, une des causes du long arrêt des sciences. — L'idée de la transformation des espèces jette un nouveau jour sur la nature. — Doctrine de Lamarck. — Doctrine de Geoffroy Saint-Hilaire. — Discussion entre Geoffroy Saint-Hilaire et Cuvier. — Ancienne doctrine des causes finales. — Ce qu'il faut en penser. — Conséquences des nouvelles doctrines. — La doctrine de l'évolution jette un nouveau jour sur la nature. — Charles Darwin. — Modifications produites par la sélection artificielle. — Sélection naturelle. — Adaptation au milieu. — Lutte pour la vie. — Causes qui la déterminent. — Rivalité ayant pour cause l'instinct sexuel. — Loi de Malthus. — La guerre. — Sa nécessité. — Lyell, Wallace, Huxley, Tyndall, Hæckel, Virchow, Wundt, Hellwald, Helmholtz, Vogt, Bastian, etc., etc. — Agassiz.

Tant que les savants ont admis que les espèces sont fixes, il leur a été impossible de faire de bien grands progrès dans l'étude de la nature. L'idée de la fixité consti-

1

tuait, à la fois, une barrière et une limite infranchissable
entre elles. De la sorte tout se réduisait à un mystère
que nul n'osait sonder ; et l'origine des êtres devenait un
problème insoluble. On posait en principe qu'entre deux
individus d'espèce différente, il n'y avait pas de reproduction possible ou bien que si on pouvait la constater en quelque cas à la première génération, ce pouvoir s'arrêtait à la
deuxième ou à la troisième, et que les métis finissaient
toujours par être stériles.

Puis tout à coup cette faculté de se reproduire indéfini-
ment devenait le signe caractéristique, la définition même
de l'espèce.

« On entend par espèce, disait-on, ces familles d'animaux qui peuvent constamment se reproduire entre elles. »
Cette définition, on le voit, n'était qu'une pétition de principe évidente.

D'autres savants, Agassiz, par exemple, appelaient espèces, *bonnes espèces :* « des familles d'animaux portant
l'empreinte de la même origine qui se révélait par la présence d'une quantité de caractères communs ». Là, comme
bien on pense, l'arbitraire se glissait immédiatement dans
la définition des caractères communs, et l'on finissait par
ne plus s'entendre sur les signes qui devaient constituer
l'espèce, la *bonne espèce* (1).

Mais non contents de faire des raisonnements qui pé-

1. Aussi les hommes de génie ont toujours montré de la répu-
gnance pour les classifications rigoureuses et absolues. Buffon lui-
même a été accusé par le vulgaire d'avoir négligé la classification.
Cette accusation se trouve reproduite dans le *Dictionnaire historique et géographique* de Bouillet qui fourmille de lieux communs
et de banalités semblables.

chaient ainsi par la base, non contents d'émettre des défi-
nitions arbitraires, ces savants ajoutaient que les choses
avaient dû se passer de même de tout temps, et que toutes
les espèces vivantes avaient été et sont fatalement enfer-
mées dans un cercle infranchissable. S'il en était ainsi, tout
serait à zéro fixe et le mouvement deviendrait impossible
à expliquer dans la nature, car si toutes les espèces vivantes étaient irréductibles entre elles; si d'autre part on
n'assistait jamais à la création d'une nouvelle espèce, les
êtres tels qu'ils sont maintenant auraient dû exister dès le
principe, et il n'y aurait pas de raison non plus pour
qu'aucune espèce dût périr. La nature serait ainsi con-
damnée à un repos absolu, à un état d'immobilité qui est
contraire à ce qui se passe tous les jours sous nos yeux, à
tout ce que nous savons de ses lois essentielles (1). Il ne
restait d'autre solution que de créer un *deus ex machinâ*
et d'avoir recours à l'explication surnaturelle. Mais cette
explication étant purement hypothétique et arbitraire ne
pouvait être d'aucun secours à la science. Elle ne faisait
que reculer la difficulté sans la résoudre. On en était
donc réduit comme dans l'astronomie de Ptolémée à
voir des points se mouvoir dans l'espace, sans pouvoir
expliquer la cause de ce mouvement, leur grandeur, ni
leurs lois.

1. Tous les jours dans l'infiniment petit, des transformations ont
lieu d'espèce à espèce. Ce fait, nié par des naturalistes qui ne
l'avaient pas observé et qui le déclaraient impossible, se servant
de cette prétendue impossibilité comme d'une fin de non-recevoir
pour contester la doctrine de l'évolution, a été constaté par Hæckel
dans les éponges calcaires. Voir sa *Monographie der Kalkschwamme,
bei Georg. Reimer.* Berlin, 1872.

Essayant de franchir l'obstacle et de tourner cet écueil, quelques savants se sont aventurés à expliquer les transformations incessantes de la nature par la théorie des générations spontanées. Nous reviendrons plus tard sur cette doctrine et nous la discuterons : en attendant, nous pouvons dire qu'elle ne donne pas une explication suffisante de la nature des êtres et qu'elle est loin de satisfaire l'esprit humain, car tous les faits qu'elle affirme peuvent être révoqués en doute.

Une des causes de l'impuissance de la plupart des savants du dix-huitième et du dix-neuvième siècle à franchir cet obstacle, a été, on n'en saurait douter, le préjugé théologique. Les uns étaient de bonne foi dans leurs scrupules : d'autres étaient arrêtés par des considérations mondaines. Cuvier qui avait tâché de concilier avec la doctrine de l'Église, l'astronomie et la géologie modernes, ne pouvait pas soulever une question encore plus épineuse ; et malgré sa grande science, son autorité incontestable, il resta enchaîné à la vieille ornière. Les idées conventionnelles de la société catholique de la Restauration, son propre esprit, peut-être, lui interdisaient d'aller plus loin et de tenter de nouvelles voies. N'avons-nous pas vu plus tard un grand savant, Agassiz, arrêté à son tour, par les préjugés d'une société bien plus libre, la société américaine !

Mais déjà du temps de Cuvier les nouvelles idées avaient vu le jour ; et, de même que Copernic et Galilée avaient arboré le drapeau de la révolte en astronomie, par la découverte du système du monde et du mouvement de la terre, de même que Harvey avait fait une révolution en physiologie par la découverte de la circulation du sang ; de même Lamarck avait jeté la semence d'une révolution bien plus grande encore en anthropologie.

Linné avait le premier dit : *Natura non facit saltus*. Lamarck appliqua le premier cet axiome aux générations animales. Il vit que les races tendent à se différencier constamment, à changer, à se modifier, à progresser même, dans une certaine mesure, de génération en génération. Il entrevit ou du moins il pressentit que les races pourraient bien se transformer incessamment et passer, pour ainsi dire, l'une dans l'autre. Ainsi en portant son attention sur les produits si différents de la nature, minéraux, plantes, animaux, il vit comme un lien qui les rattachait les uns aux autres. Plus il étudiait ce fécond sujet et plus il trouvait de rapports et d'analogies entre tous les êtres. Ainsi depuis Linné on avait déjà trouvé la sexualité (1) dans les plantes comme chez les animaux. Les étamines et les pistils correspondant aux organes mâle et femelle, le pollen, cette pluie fécondante de germes et les phytozoaires nageant dans le chlorophylle (2), avaient évidemment une grande analogie avec les spermatozoïdes nageant dans la liqueur séminale. De plus, on constata les anneaux intermédiaires qui unissent les animaux aux plantes, les zoophytes, les polypes, les radiaires, les holothuries, les gastéropodes, les céphalopodes, toute la série des protistes, etc., etc., dont nous parlerons plus tard. Enfin des organes rudimentaires, mal développés dans certaines espèces et qui en indiquent la provenance, jettent en quelque sorte

1. Grew et Vaillant l'avaient pressentie.
2. Ce sont de véritables spermatozoïdes qu'on avait d'abord appelés phytozoaires.

un pont entre une espèce et une autre, de même qu'ils accusent parfois un retour vers la souche primitive et sont comme autant de chaînons, comme autant d'anneaux brisés d'une chaîne ininterrompue. Ces observations, ces découvertes développées, fécondées et amplifiées ensuite par Geoffroy Saint-Hilaire, furent comme autant de traits de lumière pour Lamarck. Elles lui ouvrirent tout un monde de conjectures et de théories qu'il n'eut pas toutefois le bonheur de pouvoir propager. Soit que les esprits ne fussent pas mûrs pour de pareilles idées, soit qu'il manquât de clarté dans son exposition, le germe qu'il laissa resta enfoui sous terre pour n'éclore que plus tard à la lumière d'une science renouvelée. Une sorte de conspiration du silence s'organisa autour de lui et il n'eut pas le bonheur de voir arriver cette rénovation complète des sciences, dont il entrevoyait l'aurore, dont il fut un des précurseurs les plus méritants ni de faire prévaloir ses idées parmi ses contemporains.

Geoffroy Saint-Hilaire, le réformateur de l'anatomie comparée, le fondateur de l'embryogénie, fournit des pièces à l'appui du système de Lamarck et lui donna des bases et des assises solides. Il montra l'unité de composition organique parmi les diverses espèces d'animaux ; il la prouva par la conformation anatomique et par l'ostéologie ; il la confirma par l'embryogénie dont il s'occupa le premier et qu'il étudia avec ardeur. Il montra combien l'embryon se ressemble chez tous les animaux, combien les fœtus sont semblables, jusqu'à un certain âge, chez les mammifères. C'est au point que dans la première époque on pourrait confondre l'homme, le chien, la chauve-souris même et

qu'ils ne se différencient que peu à peu et lorsque la grossesse est déjà avancée. Alors certains organes rudimentaires de l'embryon, certains os communs à tous les mammifères et à d'autres genres disparaissent ; et les espèces
prennent la forme qui leur est propre et se distinguent
entre elles. On dirait que la nature hésite et tâtonne dans
la formation des êtres, pareille à cet artiste incertain s'il
ferait un dieu ou un tabouret :

> ..... scamnum faceretne Priapum,
> Maluit esse deum (1).

Sur ce point Geoffroy Saint-Hilaire fut abandonné de
Cuvier ; et une discussion s'engagea à l'Académie des
sciences entre ces deux savants. Il serait trop long d'en
retracer ici toutes les phases ; qu'il nous suffise de dire
que cette discussion eut le plus grand retentissement dans
toute l'Europe, et que le vieux Goethe lui-même y prit part
et en suivit avec un intérêt ardent les péripéties diverses.
Ce grand esprit qui fut poëte et savant tout à la fois prit
fait et cause pour Geoffroy Saint-Hilaire (2). Il avait dans

1. Voir à ce sujet Hæckel : *Die naturliche Schöpfungsgeschichte
bei Reimer*. Berlin, 1872 et *Die Anthropogenie bei F.   nann*. Leip-
zig, 1874. Le développement individuel de l'embryon est comme
un abrégé du développement des espèces en général et de leurs
transformations successives, et c'est en ce sens aussi qu'on peut dire
que l'individu est en quelque sorte un microcosme.

2. Lorsque la révolution de juillet éclata, Goethe, ayant rencontré
un de ses amis, l'aborda avec empressement en lui disant : Savez-
vous la grande nouvelle ? Son ami crut qu'il voulait lui parler de
la révolution qui avait eu lieu en France et commençait à débiter
des phrases banales sur le malheur de Charles X, lorsque Goethe
l'arrêta tout court en s'écriant : Eh ! il s'agit bien de cela : je veux
parler des découvertes de Geoffroy Saint-Hilaire et de la discussion
qui a eu lieu à l'Académie des sciences de Paris.

ses ouvrages scientifiques soutenu des doctrines à peu près analogues ; et il y apporta de nouveaux arguments et les défendit de toute la force de son génie (1).

Cette discussion touchait de près à la grande question des causes finales. La plupart des savants avaient pensé jusqu'alors que l'œil était fait exprès pour la lumière, que l'oreille avait été créée pour recevoir le son. Cuvier était un des soutiens les plus autorisés de cette doctrine. Geoffroy Saint-Hilaire, Goethe étaient d'un avis contraire ; ils pensaient que l'œil existait nécessairement dès que son existence était possible, dès que le milieu lui devenait favorable. La lumière elle-même se créait un organe, un œil, où venaient se concentrer ses rayons, de même que le son se créait en quelque sorte un conduit auditif, où, autrement dit, que les organes se produisent toujours dans les milieux qui leur sont appropriés : que, en un mot, l'appropriation si exacte parfois des moyens aux fins n'est que le résultat de l'accommodation graduelle et successive des organes. De même, ils disparaissent, à la longue, lorsqu'ils sont privés du milieu qui les conserve, de l'exercice qui les entretient et les développe, qui est comme le stimulant qui les excite. On citait certains animaux qui, habitués à vivre dans l'obscurité, avaient fini par perdre l'usage de leurs yeux, dont ils n'avaient plus que faire ; on alléguait la cécité congénitale des taupes, de certains grillons et l'atrophie des ailes de certains insectes, faute d'exercice.

De ce dernier point de vue il résultait plusieurs consé-

1. Dans son *Bildung und Umbildung organisches Naturen*, Gœthe se rapproche de la sélection de Darwin.

quences fécondes pour la science. Nous allons en toucher quelques-unes des plus importantes.

1° La doctrine des causes finales si ancienne et si enracinée était frappée à mort et rejetée comme une hypothèse absurde (1).

2° Les organes n'étaient plus regardés comme quelque chose de produit sciemment, dans un but déterminé, ayant pour objectif l'utilité des espèces mais comme un résultat graduel, lent et laborieux des divers milieux.

3° Il en résultait aussi la grande loi de l'exercice, sa nécessité pour le développement et même pour la conservation des organes, ainsi que pour leur transmission héréditaire.

Ces conclusions qui découlaient directement des découvertes de Lamarck et de Geoffroy Saint-Hilaire ouvrirent un jour nouveau sur tout le champ scientifique. Il ne manquait plus qu'un homme de génie pour les coordonner, pour les mettre en relief, pour en tirer toutes les conséquences.

Cet homme se trouva dans Charles Darwin. Ce savant illustre, dont les travaux, dès sa première jeunesse, avaient

1. Que ce mot ne semble pas trop fort! En effet, à bien prendre les choses, rien n'est plus absurde que la conception des causes finales. Pour qu'il y ait cause et effet, il faut l'action de deux choses, de deux substances si l'on veut, l'une sur l'autre; or ce qui n'est pas ne peut agir sur quoi que ce soit, ne peut être cause de quoi que ce soit d'aucune façon. Quant à supposer un but déterminé, un dessein préconçu, mais il n'y a que les individus organisés ayant un cerveau et une moelle épinière ou du moins un commencement d'organisation qui puissent avoir des idées préconçues et un plan arrêté. Dire que la nature avait ce plan arrêté, c'est mettre la charrue avant les bœufs. *Un commencement de volition ne peut avoir lieu qu'avec un commencement d'organisation.*

été remarqués par Humboldt, avait fait un voyage très-
fructueux dans l'Amérique du Sud en compagnie de Humboldt lui-même et de Boussingault. Il avait étudié sur les
lieux, la faune et la flore antiques, et avait fait des expériences très-nombreuses sur la génération des animaux vivants.
Il avait observé toutes les transformations que subissent
en très peu de temps certaines espèces d'animaux qui sont
soumis à une sélection artificielle faite au point de vue (1)
des intérêts et des besoins de l'homme. Ainsi il avait remarqué notamment, les modifications que certains éleveurs font subir à la couleur et à l'épaisseur de la toison
des moutons et au poil des autres animaux domestiques,
tels que bœufs, vaches, taureaux, chevaux, etc. ; les modifications, dis-je, que les manières diverses de les élever
leur font éprouver, telles qu'abondance plus ou moins
grande des poils, différence dans la couleur, longueur plus
ou moins considérable des cornes, depuis le développement
le plus exagéré jusqu'à l'absence complète. Il observa
les changements produits dans les diverses espèces
de pigeons, dont le type originaire, la *columba livia*,
a donné lieu à des variétés infinies. Il réfléchit sur les
changements sans nombre que la greffe et la culture produisent sur les plantes. De toutes ces observations, il
déduisit les principes suivants : 1° Les propriétés naturelles ou acquises par les parents se transmettent presque
toujours par hérédité à la progéniture. 2° L'accumulation
des modifications transmises par l'hérédité produit, à la
longue, des changements immenses et finit par transfor-

1. Voir *Naturalist voyage round the World* and *Variations by
selection in animals and plants.*

mer complètement les espèces. 3° L'homme peut, par la sélection, abréger considérablement le temps exigé pour ces transformations et fixer, même, dans une certaine mesure, certains types et certaines variétés. C'est ainsi que les éleveurs sont arrivés, peu à peu, à avoir des races toutes nouvelles de pigeons, de chevaux, de chiens etc., plus propres à l'usage auquel on les destine. Ils n'ont eu pour cela qu'à accoupler des individus, jouissant à un degré plus ou moins prononcé de certaines qualités qu'ils voulaient développer; ils ont également réussi à reproduire des particularités tout artificielles qu'ils avaient causées eux-mêmes, comme la queue courte chez les chevaux et les chiens, l'absence de cornes chez les moutons et les veaux, certaines taches particulières du pelage. 4° De même la nature par une sélection à elle, plus lente, mais plus sûre et plus suivie, reproduit, dans les générations successives des êtres, certaines propriétés et certaines facultés, au détriment d'autres, et finit par changer complétement, à la longue, l'aspect des races, après avoir semblé les fixer pour des périodes plus ou moins durables. 5° Quelles sont maintenant les causes qui déterminent cette sélection naturelle? Ici s'ouvre un champ immense à l'intelligence humaine. Il faut avec l'œil de l'esprit remonter en quelque sorte à travers les âges, à l'aurore de la vie animale ; et, à l'aide de la géologie, de la paléontologie, de la physiologie, de la morphologie, de l'histoire naturelle, de l'embryologie et de l'anatomie comparée sonder la nature et tâcher d'en surprendre les secrets, deviner approximativement les changements de milieu qui ont dû se produire, du moins depuis l'époque glaciaire.

Les causes les plus générales des changements peuvent se résumer ainsi : 1° Adaptation au milieu ; 2° Lutte pour la vie, combats à outrance avec les races rivales ; 3° Survivance des plus forts et des mieux armés ou des plus intelligents qui ont pu se créer des armes et des moyens de défense et qui ont par conséquent augmenté leur force. Dans ces luttes sans trêve, dans ce tourbillon éternel, les races les plus faibles ont nécessairement péri. Les plus forts sont restés et se sont unis dans le combat contre les races rivales ; ils se sont accouplés entre eux, et ont par là donné le jour à des espèces plus puissantes, mieux conformées et plus vigoureuses.

Mais une autre lutte non moins importante est celle qu'ils ont eu à subir pour s'adapter au milieu. Dans cette lutte aussi, les plus faibles ont péri. La flore ainsi que la faune de notre planète nous montrent des espèces de plantes et d'animaux répandues dans tout le globe, mais avec une inégale prospérité. Celles-ci, belles et robustes dans les climats tempérés et appropriés à leurs besoins, celles-là chétives, frêles et rabougries vers les extrémités du globe.

Une des grandes causes de la sélection, de la transformation des races par l'évolution est aussi dans l'instinct sexuel. Chez les animaux ainsi que chez l'homme la beauté a son empire et sait soumettre le règne animal à ses lois. La bravoure, le courage, la supériorité de force séduisent la plupart des femelles des animaux, de même qu'elles séduisent les femmes. Dans les combats amoureux qui ont lieu entre les mâles de la plupart des espèces, celui qui en sort victorieux devient aussi l'heureux possesseur de l'objet

aimé, de la femelle qui est cause de tant de sanglantes batailles. Pour bien des animaux ces luttes se terminent par
la mort d'un des combattants. Chez d'autres moins féroces
ou moins bien armés, elles se terminent par la confusion
et la défaite de l'un d'eux qui, se reconnaissant le plus
faible, s'en va tout penaud, cacher sa honte dans quelque
coin isolé, tandis que la femelle objet de la dispute accorde
ses faveurs à celui qui a remporté la victoire. La beauté
corporelle, la forme, l'éclat des couleurs ont aussi leur
grande influence. Chez les oiseaux, chez les papillons, on
voit souvent la femelle donner la préférence à celui qui
porte la robe la plus élégante, la plus splendide parure; et
c'est ainsi que lentement et graduellement les races vont
se transformant et progressent, quoique ce progrès lui-
même trouve bientôt ses limites.

Ici nous rencontrons une de ces grandes contradictions,
si habituelles d'ailleurs à la nature, une de ces antino-
mies signalées par les plus grands penseurs, notamment
par Kant et par Hegel, et qui paraissent former le pivot et la
base de l'univers. D'un côté tout parait tendre au progrès
de l'espèce, tout semble contribuer à la perfectionner graduellement. Le perfectionnement, le progrès sembleraient
donc devoir être la loi constante de la nature; toutes les
races devraient faire effort pour s'améliorer à l'infini. Il en
devrait être ainsi, en effet, sauf des perturbations et des
oscillations comme on en voit en toute chose. D'une part
tout tend à s'améliorer, les races tendent à se fortifier, à
se multiplier à l'infini. Mais d'autre part, chaque race,
chaque variété d'êtres organisés trouve bientôt sa limite
dans l'impossibilité de se nourrir, dans le manque d'ali-

ments. La loi de Malthus se trouve vraie dans toute sa force ; car si d'une part la reproduction des êtres organisés s'accroît dans une progression approximativement géométrique, la nourriture qu'il faut à chaque espèce, les produits nécessaires à la vie des êtres n'augmentent tout au plus que dans une progression arithmétique, et cela dans les cas les plus favorables, dans les sols livrés aux meilleures cultures. De là, les proportions immenses que prend la lutte pour la vie dans toutes les espèces, chez toutes les races. Chaque être a son ennemi particulier qui naît à côté de lui, qui s'empare de l'oxygène qu'il devrait respirer, qui lui enlève la nourriture que la terre lui donne, qui pompe les sucs dont il aurait besoin. Les races animales et végétales privées ainsi des sucs nourriciers les plus essentiels commencent à dépérir, à languir. Une foule de maladies se déclarent qui ne sont que des formes diverses de l'épuisement et de l'anémie, la peste, le choléra, le typhus et la diphthérie. Les épidémies et les épizooties de toute espèce, les contagions de toute sorte qui affligent les animaux et les hommes proviennent, pour la plupart, de la disproportion énorme entre l'accroissement des races et celui des aliments, de ce déficit constant de la nature. Chez les plantes on voit les cryptogames, l'oïdium, la nielle du blé se produire. On les voit envahies par des parasites, auxquels leur organisation affaiblie ne leur donne plus la force de résister, et qu'elles ne peuvent plus expulser de l'organisme comme des corps étrangers.

Mais chez l'homme, chez les races animales, cette rivalité, cette inimitié est pressentie par l'instinct. De là, la guerre sous toutes les formes, sous tous les prétextes.

Guerre sans trêve ni merci et à tel point que des espèces
entières ont succombé et ont disparu à jamais. Parmi ces
races, les ennemis les plus irréconciliables ce sont ceux
qui ont les mêmes besoins et partant plus d'affinité entre
eux. L'humanité surtout a donné le spectacle de l'inimitié
la plus acharnée entre ses peuples divers : sans doute des
races entières ont péri (1). C'est ainsi du moins qu'on peut
traduire l'histoire de l'humanité lue dans les couches
fossiles de notre globe. D'autres sont réduites aux conditions les plus misérables comme les sauvages de l'Amérique, les Hottentots et les Iroquois. Puis viennent les émi-
grations périodiques des peuples du nord qui se dirigent
vers le midi pour y chercher un air plus vital, de meilleurs
aliments, disputant pied à pied la subsistance aux indi-
gènes et finissant soit par les étouffer en peu de temps,
soit par les absorber ou par les chasser peu à peu, suivant
les circonstances. Enfin soit sous un prétexte, soit sous un
autre, la guerre éclate toujours parmi les hommes. Tantôt
c'est la conquête sous sa forme la plus brutale ; tantôt c'est
le principe religieux ; tantôt c'est sous couleur de propager
la civilisation ; tantôt c'est le principe de l'équilibre et tantôt c'est celui des nationalités qu'on invoque, mais toujours et partout la guerre éclate. Elle a duré, elle durera,
quoi qu'on dise ; de grands penseurs l'ont reconnu en
l'attribuant à d'autres causes (2) ; mais quel qu'en soit le
prétexte, la seule cause, la vraie cause, la cause essentielle,

1. Voir Lyell. *Antiquity of Man*, chap. ix.
2. Hobbes, Spinoza : ces deux grands philosophes ont tous les
deux reconnu la nécessité de la guerre, c'est le premier qui a dit
qu'elle était l'état naturel des hommes et il se plaisait à citer

immanente, inévitable de la guerre, c'est la question d'avoir du pain.

La doctrine que nous venons de résumer et dont Darwin est le plus complet et le plus éloquent interprète, est celle de toute l'école moderne. Le petit nombre des opposants ne comptent plus dans la science. D'un côté il y a Darwin, Lyell, Huxley, Wallace, Tyndall, Hæckel, Büchner, Hellwald, Helmholtz, Virchow, de l'autre il n'y a que des savants arriérés, des métaphysiciens et des théologiens. Le dernier homme de mérite qui partagea l'ancienne doctrine, celle des causes finales, fut Agassiz. Mais vers la fin de sa vie il dut reconnaitre avec un certain dépit, il est vrai, que la doctrine darwinienne qu'il avait toujours combattue (1) gagnait toujours plus de faveur et s'imposait à la science. Aujourd'hui en Angleterre et en Allemagne surtout, la doctrine opposée a cessé pour ainsi dire d'exister. La doctrine darwinienne a été embrassée même par les philosophes et par les métaphysiciens, Hartmann l'a adoptée (2) et Strauss avant de mourir a écrit un ouvrage, où il dit partager entièrement ces vues (3).

l'ancien proverbe : *Homo homini lupus*. Joseph de Maistre aussi reconnaissait la nécessité de la guerre, (voir *les Soirées de Saint-Pétersbourg*), et y voyait le doigt de Dieu.

1. Agassiz, dont la vie s'est passée à faire des découvertes anatomiques et embryologiques qui ne font que confirmer la théorie de l'évolution, a été, chose bizarre, un de ses plus grands adversaires en paroles. Il faisait comme le prophète Balaam qui voulait maudire et qui, malgré lui, bénissait toujours.

2. *Die Philosophie der Unbewuste*.

3. *Der neue und alte Glaube*.

CHAPITRE II

PÉRIODES GÉOLOGIQUES.

Natura non facit saltus. — L'expérience et l'induction. — Plus
l'induction est *prochaine*, plus elle a de valeur. — Astronomie.
— Système de Kant et de Laplace. — Antiquité des périodes
géologiques. — Anneaux intimes qui unissent l'un à l'autre les
trois règnes. — Géologie. — Cristallisation des minéraux. —
Dimorphie et polymorphie. — Polarisation. — Ancienne et nouvelle chimie. — Éléments chimiques dont se composent les animaux et les plantes. — Divers mouvements des corps inorganisés
vers l'organisation. — Fermentations diverses. — Levûre de la
pâte, etc. — Formation de la cellule. — Cryptogames et phané-
rogames. — Génération.

« Kleinste Schritte und grösste Zeiträume, können wir
sagen; sind die beiden Zauberformeln, mitten deren
die jetzige Naturwissenschaft die Räthsel des Universum
löst (1), » dit Strauss dans son dernier livre qu'on peut
regarder comme son testament philosophique : « De petits
progrès et un immense espace de temps sont les deux for-
mules magiques au moyen desquelles la science moderne
résout l'énigme de l'univers, » *Natura non facit saltus,*
avait dit Linné. Plus l'on étudie attentivement les lois de
la nature dans toutes leurs formes, plus l'on demeure con-

1. *Der neue und alte Glaube.* III, 65.

vaincu que rien de brusque et d'inattendu jamais ne se
présente ; que tout suit un développement graduel. Ce
n'est pas la physiologie seule ; toutes les sciences qui s'entr'aident l'une l'autre et se donnent mutuellement la main,
ne font que nous confirmer dans notre manière de voir.
Et de même que tout marche lentement, de même y a-t-il
des anneaux imperceptibles qui relient tous les êtres
entre eux.

Nous ne pouvons pas remonter au commencement des
choses. Notre esprit a des bornes qu'il ne saurait franchir
et nous sommes limités par essence. Il nous faut donc au
lieu d'essayer vainement d'expliquer l'origine des êtres,
tomber tout de suite *in medias res,* prendre la nature sur
le fait et par une série d'inductions accumulées tâcher
d'en saisir les lois. Ces inductions il faut les pousser le
plus loin possible : puis par un procédé inverse, il faut
revenir du point extrême de nos connaissances pour par-
courir de nouveau toute la filière par où nous sommes
passés, afin de l'éclaircir, afin d'affermir en quelque sorte
chaque anneau, chaque lien, pour donner à la chaîne entière plus de consistance. En suivant ce double procédé
(thèse et antithèse), la synthèse se fait d'elle-même et devient d'autant plus solide que la chaîne des faits est plus
serrée.

Les conjectures de l'homme perdent de leur valeur à
mesure qu'elles s'éloignent des faits d'expérience. C'est
pour cela que l'induction est d'autant plus vraisemblable
qu'elle est plus *prochaine,* je veux dire, tirée de plus près
des faits qu'on observe. Et pourtant l'homme a voulu
porter ses investigations jusque sur les phénomènes les

plus éloignés de notre planète. Il lui a été impossible de voir ces mondes brillants qui roulent dans l'espace, ce nombre infini de globes de feu qui se meuvent au-dessus de nos têtes, sans vouloir dire son mot sur ces corps qui dépassent de si loin sa taille et les bornes de son esprit, sans vouloir en connaître la nature et les lois. Ce sont ces temples du monde qui, au dire du poëte latin, ne font que révéler notre faiblesse et notre impuissance.

> « Nam cum suspicimus magni cœlestia mundi
> Templa super, stellisque micantibus æthera fixum,
> Et venit in mentem solis lunæque viarum ;
> Tunc aliis oppressa malis in pectore cura
> Illa quoque expergefactum caput erigere infit ;
> Ecquæ tanta deûm nobis immensa potestas
> Sit, magno in motu quæ maxima sidera verset.
> Tentat enim dubiam mentem rationis egestas (1). »

Pourtant l'astronomie vient à son aide. Elle lui sert à calculer, avec une certaine approximation, leurs mouvements et leurs révolutions, mais non à connaître la nature des corps qui les composent. Néanmoins Kant et Laplace, poussés par l'analogie, ont supposé que notre système planétaire, et sans doute tous les astres du firmament, ont commencé par être des nébuleuses se condensant peu à peu et produisant, par leur condensation, un développement de chaleur incommensurable. Elles auraient passé ainsi, d'abord à l'état igné incandescent, ensuite à l'état sphéroïdal. Puis elles se seraient solidifiées et auraient durci par la déperdition de chaleur causée par leur mouvement giratoire à travers l'espace. Les plus grands de

---

1. Lucret. Cari. *De Rerum natura*, lib V.

ces astres qui servent de centre et de foyer aux autres, se
sont refroidis plus lentement, les autres plus vite à cause
de leur petitesse relative. Dans notre système planétaire,
par exemple, le soleil est encore en partie à l'état incandescent, sauf le noyau obscur qui s'y forme et qui grandit
peu à peu (1). La lune est au contraire déjà refroidie et
morte. Privée qu'elle est d'atmosphère et de vapeur d'eau,
elle roule inutile et déserte dans l'espace. Jupiter, Vénus
et Mars paraissent dans des conditions plus analogues à
celles de la Terre; c'est-à-dire susceptibles de donner la vie
à des êtres, car elles sont pourvues de vapeur d'eau et
d'atmosphère.

Nous n'avons pu ici qu'effleurer en passant ces hypothèses hardies : il nous faut bien vite revenir à la Terre.
Géologiquement, elle aurait passé, aussitôt que son re-
froidissement a eu lieu, d'abord par une phase torride,
où les minéraux les plus durs, le granit lui-même, devaient être à l'état de fusion, pendant lequel toute espèce
de vie était impossible. C'était la phase minérale (2).
Puis est venue la phase végétale. Les lichens, les mousses,
quelques fougères, peut-être, ont inauguré la vie organique sur la terre. Puis ou peut-être en même temps, on
a vu quelques animaux à structure simple, des zoophytes,
des mollusques, dont les coquillages si différents de ceux
des époques postérieures, nous servent de jalons en

1. Voir le *Cosmos* de Humboldt. Vol. V de la traduction française.
2. Ce qu'on appelle le règne minéral, surtout les roches calcaires, siliceuses et même granitiques n'est souvent qu'un composé
de détritus organiques.

quelque sorte et de points de repère, au milieu de la nuit des temps.

C'était le commencement de la période animale : mais chacune de ces périodes a pris des espaces de temps qui sont l'infini pour nos faibles yeux mortels, pour notre esprit borné qui n'est habitué à compter que par de petits nombres d'années et pour qui un siècle est déjà une période considérable. Ici il s'agit non plus de compter par siècles mais par milliers de millions d'années. Un anneau intime relie ces trois phases qui représentent dans la succession des temps ce qu'on appelle les trois règnes de la nature qui se pénètrent pour ainsi dire mutuellement et se fondent l'un dans l'autre. Le point de vue superficiel qui consiste à croire que toutes ces transformations auraient pu se faire en peu de temps et que l'homme ne date que de quelques milliers d'années a cessé à jamais d'avoir la moindre valeur scientifique : il est désormais relégué dans le domaine de la mythologie.

Nous allons maintenant passer en revue les anneaux qui unissent ensemble les trois règnes. Dans le règne minéral, il y a déjà une tendance vers le mouvement, vers la vie. La vie dans la nature n'est pas quelque chose de parfaitement défini, de parfaitement distinct. Il n'y a pas deux domaines, l'un de la vie, l'autre de la mort. La vie commence dans l'infiniment petit d'une manière pour ainsi dire insensible, elle se développe par degrés, elle grandit peu à peu et prend des formes de plus en plus complexes.

Dans le minéral, il y a, pourrait-on, dire une tendance vers la vie. Cette tendance nous est révélée par la cristallisation qui soumise à des lois certaines, affecte toujours la forme polyédrique. Puisque les molécules se rangent d'une façon symétrique dans les cristaux, puisqu'une régularité géométrique préside à leur formation, puisqu'il est prouvé par les cas de polymorphie ou tout au moins dé dimorphie que la chaleur n'est pas étrangère aux divers systèmes cristallographiques qu'ils affectent, on peut y voir déjà, non pas même des tissus, non pas même des cellules, mais une première organisation des molécules, une tendance vers la cellule, le tissu.

Une autre propriété dont jouissent les corps qui cristallisent, c'est ce phénomène des rayons lumineux qu'on appelle la polarisation. Je n'en parle ici que pour mémoire, mais il est évident que cette disposition de la lumière révèle une différence de constitution des molécules qui composent les différentes substances. Pourquoi le sucre de canne, le sucre de betterave polarisent-ils à droite, tandis que le sucre extrait du diabète sucré qui ne diffère en rien des deux autres, en apparence, polarise néanmoins à gauche? Cela n'indique-t-il pas une différence, comme nous le disions, dans la constitution même des molécules (1)?

1. Biot regardait les effets de la polarisation dans certaines substances, telles que le cuivre, la chaux sulfatée et le cristal de roche comme des forces attractives et répulsives émanées de leurs axes. *Inst. Mém. scient.*, 1812, 1ᵉʳ semestre, p. 370.

Ce simple aperçu ouvre à l'esprit humain un champ très-vaste et nous montre dans la puissance d'attraction une force parallèle, pour ne pas dire identique au magnétisme et à l'électricité, l'une et les autres ne sont pas suffisamment connues dans l'état actuel de la science; mais l'on peut, en tout cas, regarder l'attraction et la répulsion comme jouant le rôle de *constantes*, intervenant dans toute espèce de mouvement.

Ici nous allons examiner les liens qui unissent la chimie à l'histoire naturelle, à la botanique. Il est certain que dans l'ancienne chimie, même dans celle de Regnault, ce lien est loin d'être apparent. Tant qu'on ne s'occupait en chimie que de décomposer les corps jusqu'à ce qu'on en eût trouvé d'insolubles, tant qu'on se bornait à cela, dis-je, la science ne pouvait pas faire de bien grands progrès. En effet, qu'étaient-ce que ces corps simples dont on faisait tant de cas? C'étaient des corps réfractaires à nos réactifs, à nos moyens d'analyse, de dissolution. Mais la nature, elle, ne procède pas par cette voie d'analyse à outrance. Les corps que nous appelons simples ne sont pas les premiers éléments des choses, ils ne sont presque jamais à l'état de pureté au sein de la nature. On n'avait donc par là que des résultats artificiels qui pouvaient servir à des analyses satisfaisantes pour les arts, mais qui ne rendaient pas compte de la formation naturelle des êtres. C'est la nature qu'il fallait saisir sur le fait, c'est à elle qu'il fallait arracher ses plus importants secrets. Il fallait donc étudier les composés les plus simples, les combinaisons qui se rencontrent le plus souvent et qui semblent être la base des produits naturels. Ce n'est qu'en procédant de la sorte qu'on pouvait espérer arriver à connaître davantage les voies de la nature et à soulever un coin du voile qui cache l'univers à nos yeux. C'est ce qu'ont essayé des chimistes, dont le plus ancien, Berzelius a été suivi avec empressement par plusieurs savants français et allemands (1), à la tête des-

1. Virchow, Moleschott, etc. Wundt, *Physiologie des Menschen* Erlangen bei, F. Enke, 1873.

quels il faut placer l'éminent Berthelot. C'est par les travaux de ces hommes de génie, qu'un champ nouveau s'est
ouvert aux études naturelles, et que le lien, le nexus entre
la chimie et l'histoire naturelle, est enfin trouvé. C'est en
envisageant à ce point de vue la chimie qu'on en tire les
conséquences les plus fécondes. En effet l'on voit en étudiant la chimie organique que les cellules et les tissus des
végétaux de même que ceux des animaux se décomposent
dans les mêmes substances, dans les mêmes éléments. Le
carbone, l'oxygène, l'hydrogène et l'azote, voilà les corps
qui constituent les tissus des plantes, de même que les organes les plus compliqués des animaux, de l'homme. Ajou-
tons-y de petites quantités de soufre, de phosphore et nous
aurons tout ce que contiennent la plupart des corps organisés de la nature (1). L'on voit de la sorte que la substance végétale se change en substance animale : elle se
transforme dans la substance des animaux qu'elle nourrit.
Ce sont les mêmes corps qui se trouvent chez les animaux
dans des combinaisons différentes, dans des proportions
variables. Ce qui en constitue la variété, c'est la diversité de
leurs composés pris deux à deux, quatre à quatre ; et il y a
une quantité de ces combinaisons trouvées par les chimistes et qui ont très peu de stabilité. Il y a une quantité de
combinaisons binaires, ternaires, quaternaires, etc.

Mais si le chimiste peut analyser les composés minéraux
et les recomposer en très-grande partie, s'il peut analyser
les végétaux et les animaux, les réduire à leurs premiers
éléments et former une foule de combinaisons diverses

1. Berthelot, *Chimie organique.*

avec ces mêmes éléments, il ne peut reproduire ni les cellules ni les tissus. Là où la vie commence, son pouvoir s'arrête. Il y a donc quelque chose qui unit l'organique à l'inorganique et qui échappe au pouvoir du chimiste; ce n'est, nous l'avons vu, qu'une question de degré, mais la chimie est jusqu'ici complétement impuissante à reproduire le travail mystérieux de la nature.

Qu'est-ce donc que ce qui sépare les composés purement chimiques des composés des organismes vivants? Qu'est-ce que cet infiniment petit que le chimiste ne peut pas reproduire, qu'il s'efforce en vain de leur donner? Cet infiniment petit c'est tout bonnement la vie (1). Est-ce des différences produites par la température, par la chaleur latente qui établissent de si énormes distances entre des composés semblables? On a déjà fait cette hypothèse; et nous avons déjà montré dans les cristallisations minérales des cas de dimorphie. Ces cas, ces différences de formes que prend le minéral en cristallisant, s'expliquent par des différences de température. Est-ce la même cause qui constitue la différence des êtres organisés? Il est certain que tous les actes de la vie organique, de même que ceux de la vie morale exigent une dépense de chaleur (2). La nutrition des plantes, de même que celle des animaux, l'effort gigantesque de l'éléphant, de même que la ponte

1. Il ne s'ensuit pas de là que la vie soit quelque chose d'indépendant et de séparé de la matière : au contraire. Pour le développement de cette idée, voir chap. IX.
2. Voir M. Tamin Despalles : *De l'alimentation du cerveau*. La transmutation des forces est une vérité désormais acquise à la science et que personne n'ose plus révoquer en doute. Consultez aussi M. Helmholtz Wechselwirkung der Naturkräfte.

des œufs d'un oiseau ou d'un moucheron, l'élan et la
course d'un animal, de même que la fonction du cerveau
qui se traduit par la pensée dans l'homme, exigent une
dépense de chaleur considérable et qu'on pourrait me-
surer (1). La chaleur se transforme donc en force et en
action, mais comment? dans quelle mesure? dans quelle
progression? Voilà ce que le chimiste ignore, ce qu'il
ignorera peut-être toujours, car il ne lui est pas donné
d'analyser les procédés délicats de la nature. Le physiolo-
giste lui-même y échoit souvent. Mais en outre, ce qui
manque au chimiste pour créer des êtres organiques, c'est
l'élément le plus essentiel, c'est le temps dont il ne dispose
pas à son gré et qui est le facteur le plus nécessaire à la
formation, au développement successif et au progrès des
générations végétales et animales.

Nous saisissons donc le lien qui rattache l'un à l'autre
les trois règnes de la nature, mais il nous est impossible
de reproduire non-seulement les organismes, mais encore
la plus petite parcelle des tissus. Sans doute tout savoir,
ce serait tout pouvoir; mais il faudrait aussi être maître
du temps et de l'espace. Au moins voyons-nous ce lien :
la science moderne est arrivée à déchirer le voile qui le
lui cachait, à franchir les obstacles énormes que des préjugés séculaires avaient amassés sur son passage et avaient
arrêté jusqu'ici l'humanité au rivage même du savoir.

L'anneau qui unit les corps que nous appelons inorganiques aux corps organisés existe dans les divers ferments,
dans la levure de la pâte, dans la fermentation putride;

1. Voir M. Tamin Despalles : *De l'Alimentation* etc. voir aussi *le
Cerveau,* par le Dʳ Luys.

formations *sui generis*, métamorphoses étonnantes de la
matière inorganique qui commencent à révéler l'action de
la vie. C'est là une première formation du protoplasme, de
la cellule. Par la cellule nous arrivons au tissu qui n'est
que le développement, la réunion de plusieurs cellules. De
la formation de la cellule au règne végétal il n'y a qu'un
pas. Nous avons d'abord les cryptogames, les champi-
gnons, les lichens, les mousses qui couvrent une partie de
notre globe. Mais bientôt nous arrivons aux phanéro-
games, nous voyons des organes mâles et femelles dans les
étamines et les pistils des plantes, une liqueur pareille à la
liqueur séminale dans le pollen. Des cellules-germes, des
ovules, des spermatozoïdes nagent dans le chlorophylle
des plantes, de même qu'ils nagent dans la liqueur séminale de l'animal. Nous arrivons au mystère de la génération. Ici une grande divergence d'opinion se montre
parmi les physiologistes. Cette divergence commence
à la question de la cellule-germe. Quoique personne ne
conteste la ressemblance entre le phytozoaire et le spermatozoïde, les uns prétendent que le spermatozoïde est un
animalcule, les autres disent que ce nom ne lui convient
pas. La notion du spermatozoïde animalcule compliquerait
singulièrement la question déjà si ardue de la génération.
Nous préférons jusqu'à plus ample informé, le regarder
comme une simple cellule, dépourvu qu'il est d'organisation. Ses mouvements ne seraient donc que des mouvements purement mécaniques résultant de la ténuité du
liquide où il nage. Nous pouvons, à ce point de vue, dire
que la génération n'est que la transfusion ou le mélange
du contenu de deux cellules. Il y a génération lorsque les

contenus de deux cellules se vident l'un dans l'autre pour
se fondre ensemble (1). Le produit de cette génération, ce
sont les corps organisés, vivant d'une vie qui leur est
propre, individuelle, plantes ou animaux. Nous allons
commencer leur étude dans le chapitre suivant.

1. Hæckel, *die Anthropogenie.*

CHAPITRE III

PÉRIODES GÉOLOGIQUES (SUITE).

Concordance des découvertes géologiques avec la doctrine de
l'évolution. — Flores et faunes disparues. — Age paléozoïque.
— Age mésozoïque. - Période éocène. — Périodes pliocène et
pléistocène. — Période glaciaire. — Harmonie des sciences entre
elles. — Débris humains de l'époque pléistocène. — Crâne humain trouvé près de Dusseldorf. — M. Huxley. — Objections des
partisans de la fixité. — Objections scientifiques.

Le point de vue qui consiste à regarder tous les êtres
comme se formant petit à petit et se développant lentement par des transformations successives, *Natura non
facit saltus* est entièrement conforme aux nouvelles découvertes géologiques faites par l'école anglaise surtout (1).

La terre notre mère commune, cette grande nourricière

---

1. M. Huxley dans ses *Lai Sermons*, chap. xii, fait des objections
à cette grande vérité dans son examen de la doctrine de Darwin.
Son principal argument consiste à nous montrer la nature procédant parfois par sauts brusques comme dans la période glaciaire.
Nous répondons à cette objection (voir plus loin à la fin du chap. iv);
mais, même ces orages, ces mouvements qui nous semblent si
brusques dans la période des révolutions de la nature, ne sont que
l'infiniment petit si l'on considère l'immense série des âges et les
énormes changements qu'ils entraînent par leur évolution graduelle.

de la nature animée, vivante, qui est réellement ainsi que
le dit Shakspeare notre berceau et notre tombe (1), nous
montre, par des témoignages irrécusables dans les couches
superposées dont sa croûte est formée, les âges divers par
lesquels elle a passé. Les flores et les faunes géologiques,
enfouies à plus ou moins de profondeur dans notre sol,
sont comme autant de jalons qui nous guident à travers
l'infini des âges, plus ou moins complets, avec plus ou
moins de lacunes, de vides, de mystères, mais enfin se
suivant assez pour qu'on puisse y lire comme dans un livre
dont on aurait arraché des pages nombreuses, de même
que les textes enfouis de bien d'anciens manuscrits, dont
plusieurs incomplets, ont été retrouvés peu à peu dans la
poussière des bibliothèques.

L'honneur de la découverte d'un grand nombre de ces
pages du passé revient en particulier à M. Lyell qui, dans
ses *Principes de géologie* (2) dans ses travaux successifs (3) et en dernier lieu dans son livre de l'*Antiquité
de l'Homme* sur la terre (4), nous montre les diverses
phases par lesquelles semble avec grande probabilité avoir
passé notre planète. Les grandes périodes qu'il nous fait
entrevoir écrites en lettres indélébiles dans le grand livre
de la nature, nous révèlent des millions et des millions
d'années mesurées par chacune d'entre elles. Elles nous
montrent les êtres, végétaux et animaux auxquels elles

1.   The earth that's nature's mother is her tomb :
   What is her burying grave that is her womb.
                        Romeo and Juliet., act. ii, sc. 3.
2. *Principles of geology.*
3. *Elements of geology.*
4. *Antiquity of Man.*

ont permis de vivre, les flores et les faunes qui ont disparu
à jamais dans les abîmes du temps. Au milieu de ces
couches et avant même la période récente, on a retrouvé
des traces de la race humaine, l'homme quaternaire,
l'homme fossile avec ses outils de pierre, premiers instruments qu'il ait eus à son service.

Le hasard, si toutefois l'on peut jamais employer ce mot
scientifiquement, la curiosité des savants, ont mis peu à
peu de rares témoignages de cette époque entre les mains
de la science et l'on a pu ainsi reconstruire péniblement
l'édifice du passé, trouver la filiation et la suite des divers
âges de la terre quoique avec d'immenses lacunes et de pro-
fonds hiatus. Ces âges se divisent ainsi : l'âge paléozoïque
qui se partage en plusieurs grandes périodes qui nous sont
témoignées par les terrains laurentiens, cambriens, silu-
riens, devoniens, etc. Les couches fossilifères de ces terrains primitifs se distinguent par des coquillages dont la
forme diffère considérablement des plus récentes. Puis vient
l'âge mésozoïque qui comprend les époques permienne,
triassique, jurassique, crétacée ou crayeuse qui se distinguent par une forme de coquillages qui diffère à la fois de
ceux des époques antérieures et de ceux des plus récentes.
A cette époque déjà, l'on rencontre des débris d'organismes
supérieurs, tels que ceux de plusieurs vertébrés, notamment
les sauriens gigantesques qui semblent avoir recouvert
presque toute la surface du globe. Ceci prouve qu'il a dû
s'écouler un espace considérable, des millions de millions
d'années entre cette époque et les âges primitifs, et même
qu'il a dû s'écouler un espace immense entre cette époque
et les âges éocène, miocène et pliocène qui ne portent pas

encore d'après Lyell (1) les traces de l'existence de l'homme, mais seulement de quelques mammifères, tels que le *bos primigenius*, l'auroch, l'élan d'Irlande, le dinothérium, le mammouth et le mastodonte. Puis viennent l'époque pléistocène ou post pliocène, celle du renne, dans les couches desquelles on trouve l'empreinte de l'homme et de ses premiers travaux.

Pendant l'époque pléistocène, il semble avoir existé une période glaciaire qui s'est avancée jusqu'au midi de l'Europe et dont l'homme a été le témoin et sans doute aussi la victime. La preuve de l'existence de cette période se trouve dans l'extension des moraines des anciens glaciers de la Suisse ; d'une part et au nord, dans le Jura et entre le bassin du Rhône et celui de l'Isère ; du côté opposé et au midi, dans le Piémont sur le versant de la Doire Ripaire et de la Doire Baltée et par la présence des blocs erratiques qui s'étendent au midi jusque dans le département de la Drôme. De plus, M. Gastaldi a découvert dans ces derniers temps des moraines d'anciens glaciers suivant la chaîne subalpine qui s'étend de Milan à Vérone jusqu'à une petite distance de ces deux villes. En plusieurs endroits et dans la *loess* ou boue glaciaire pléistocène on a trouvé des débris humains mêlés aux débris d'animaux primitifs tels que le dinothérium et le mastodonte. L'homme a donc été témoin des derniers terribles cataclysmes de la nature

1. D'après de récentes découvertes toutefois, l'homme primitif semblerait avoir existé aussi en même temps que ces derniers animaux et même dans la période éocène. Qu'on ne s'étonne pas de tous ces conditionnels. L'on ne saurait être assez réservé lorsqu'il s'agit d'une époque aussi reculée et aussi incertaine.

qui, peut-être, doivent se renouveler dans un avenir lointain. Il s'est trouvé avec le dinothérium, le rhinocéros et
le mastodonte, victime des phénomènes climatériques, en-
seveli sous les mêmes ruines. D'autres moraines d'anciens
glaciers sous-marins ont été trouvées aussi dans la région
subapennine, dans la Toscane, du côté de Sienne et du Val
d'Elsa et d'Orcia. C'est ainsi que toutes les sciences tendent
à s'harmoniser, à se compléter l'une par l'autre et les
savants, comme le dit M. Vogt (1), sont comme autant
d'abeilles travaillant dans une même ruche à distiller le
miel de la science. C'est ainsi que la géologie vient au
secours de l'histoire naturelle, de la physiologie, de l'anatomie comparée, de l'astronomie elle-même. Toutes se
tiennent et se pénètrent mutuellement et concourent à
augmenter le jour pâle et crépusculaire qui commence à
éclairer la nature à nos yeux (2).

Ainsi, tandis que Darwin trouvait d'un côté que le développement successif des êtres organisés devait être on
ne peut plus lent, que leur transformation devait être graduelle et imperceptible, que les phases par lesquelles ils

1. *Lettres physiologiques.* Préface.
2. Deux sciences tout à fait nouvelles : l'embryogénie et la morphologie sont destinées à ouvrir des champs infinis au savoir
humain. Déjà par l'embryogénie, M. Hæckel, dans son dernier
ouvrage (*die Anthropogenie*), nous confirme, par l'étude des embryons comparés, la théorie de l'évolution et en donne en quelque
sorte la contre-épreuve en nous montrant que le développement
du fœtus est l'abrégé du développement des espèces et de leur
transformation. Par là se trouve vérifié l'ancien dire que l'individu
est une sorte de microcosme : l'ontogénie se trouve être parallèle
à la phylogénie, sauf l'immense différence dans la longueur du
temps de l'évolution.

3

auraient passé devaient comprendre des millions et des
millions de siècles, Lyell découvrait dans l'étude plus approfondie des couches terrestres, la confirmation et la
contre-épreuve, en quelque sorte des doctrines de Darwin.
De toutes parts, les progrès du savoir ont fourni de nouvelles preuves à l'appui de cette théorie; et les fouilles
faites successivement par les savants dans plusieurs pays
de l'Europe ont amené des découvertes qui ont fixé définitivement la science à cet égard. Plusieurs débris humains
de l'époque pléistocène et antérieurs à l'époque glaciaire
ont été retrouvés dans diverses parties de l'Europe et de
l'Amérique. Les plus importantes sont celles de M. Bou-
cher de Perthes, dans les environs d'Abbeville et à Saint-
Valery-sur-Somme, au point de vue de l'antiquité et
enfin la découverte du crâne d'homme dans la vallée du
Néander, près de Dusseldorf, d'une forme tout à fait
simienne examiné par M. Huxley et celui de la grotte
d'Engis, près de Liége, d'une forme complètement différente et aussi développé qu'aucun crâne d'homme de la
race caucasienne. Mais laissons parler M. Huxley lui-
même :

« Il ne peut pas y avoir de doute, ainsi que le profes-
« seur Schaffhausen et M. Busk l'ont prouvé que ce
« crâne (1) est, parmi ceux qui ont été retrouvés, celui
« qui se rapproche le plus du type bestial, ressemblant
« à ceux des singes, non-seulement par le développement
« prodigieux de l'arcade sourcilière et par la proéminence
« des orbites, mais plus encore par la dépression extraordi-

1. Celui de la vallée du Néander.

« naire de la boîte crânienne, par l'étroitesse de la suture
« lamelleuse et par l'aspect fuyant de l'occiput à partir du
« sommet de la tête (1). »

M. Huxley nous donne ensuite la mesure des crânes
de l'Europe moderne, de celui de la vallée du Néander
et de celui du chimpansé. L'on voit par le dessin qui y
est annexé que celui de la vallée du Néander est encore plus
près de celui du chimpansé que ceux d'aucun nègre et l'on
sait que le crâne du nègre est beaucoup plus près de celui
des singes, même des espèces les moins avancées, que
de celui de l'Européen moderne. Ainsi, la science vient de
trouver encore un anneau entre le singe anthropomorphe le
plus élevé et la race humaine la plus imparfaite. L'on comprend que les partisans de la fixité des espèces, battus sur
presque tous les points par les découvertes les plus récentes
de la science, fassent flèche de tout bois pour combattre
à leur point de vue ces nouveaux résultats. Agassiz, qui a
lutté jusqu'à la fin avec les partisans de la nouvelle école,
découragé au dernier moment, se laissa aller, un jour, jusqu'à dire : « Hélas ! je vois bien qu'il est inutile de lutter,
la théorie de l'évolution prend de plus en plus pied dans
la science et trouve toujours de nouveaux adeptes ! » Il
aurait pu ajouter que tout venait confirmer les nouvelles
doctrines. Pourtant les partisans de la fixité ne se tiennent
pas pour battus, ils font feu de toutes pièces et entassent
arguments sur arguments, fins de non-recevoir sur fins de
non-recevoir. Mais ils ont beau accumuler des raisonnements, leurs principales objections sont purement théo-
riques et spéculatives. Ils se fondent surtout sur des raisons

1. Huxley. *Lai Sermons.*

de dignité, ils.trouvent répugnant que l'homme descende
du singe. Certes, il est bien plus répugnant pour l'homme
pris individuellement de se trouver à l'état d'embryon et
de fœtus dans un endroit aussi peu noble que le ventre de
la mère et forcé d'en sortir par la même voie que prennent
les excréments (1). Et si ce fait ne se passait pas tous les
jours sous nos yeux, je suis persuadé que ces mêmes
théologiens, ces mêmes métaphysiciens le nieraient en
disant qu'il n'est pas de la dignité de l'homme de venir au
monde par cette voie. Ne pouvant contester ce point, ils
expliquent par le péché d'Adam l'humilité de notre origine.
Mais pour la nature il n'y a pas de dignité ni d'indignité;
tout est également beau, noble et grand dans ses œuvres,
pourvu qu'elle atteigne son but; et peu lui importe le
mauvais effet que son travail lent et mystérieux peut produire dans la cervelle d'un théologien. Certes, c'est une loi
de la nature que les commencements de toute chose soient
humbles, et pour devenir chêne il faut d'abord avoir été
gland, de même que pour être Shakspeare ou Gœthe il
faut avoir passé par l'état de cellule-germe. Le théologien
n'a donc qu'à se résigner et à s'accommoder de son mieux
à cette nouvelle manière d'envisager l'univers comme il l'a
fait autrefois pour d'autres découvertes tout aussi importantes telles que la rotation de la terre et le système des
mondes qui semblait donner un fort accroc à la Bible qui
dit : « *Terra autem in æternum stat. Oritur sol et occidit et*
ad locum suum revertitur ibique renascens gyrat per me-
ridiem et flectitur ad aquilonem (2). » C'est, du reste, ce

1. Entre la m...., et l'urine, comme disait Voltaire.
2. *Eccles.*, i, 5-6.

qu'on a déjà commencé à faire dans les pays protestants (1).

Mais ceux qui non contents de parler au nom de la métaphysique et de la théologie se piquent de parler aussi au nom de la science, donnent d'autres motifs qui leur paraissent plus convaincants, mais qui au fond procèdent du même préjugé théologique qu'ils déguisent par une espèce de prudence qui n'annonce rien de bon pour leurs doctrines favorites. Ils objectent donc que le système de l'évolution est loin d'être prouvé, que ses partisans sont loin de tenir tous les anneaux qui relient suivant eux toute la chaîne des êtres, que leur système fourmille de lacunes qu'il leur est impossible de combler. Mais, ainsi que le fait observer M. Huxley, c'est à ceux qui affirment *a priori* des doctrines qui n'ont aucune racine dans les faits qu'incombe l'*onus*

---

1. Voir Darwin, *The Origin. of species*, p. 122, chap. xv, édit. de Londres, 1873. Un pasteur lui écrit : « That he has gradually learnt to see that it is just as noble a conception of the Deity, to believe that He created a few original forms capable of self-développement into other and needfull forms as to believe that He required a fresh act of creation to supply the voids caused by the action of His laws. » Et dernièrement on m'a dit qu'un prédicateur, à Notre-Dame, avait parlé de l'existence possible d'un être anthropomorphe, antérieur à l'homme, qui serait l'auteur des ouvrages les plus grossiers de l'âge de pierre. Je n'ai pas entendu moi-même le prédicateur, mais la personne qui me l'a dit, mérite toute créance.

Dans ces derniers temps, un ouvrage du P. Valroger, en réponse, je crois, à un article de M. Cosquin, dans la *France*, montre que ce nouveau point de vue tend à se généraliser parmi les catholiques. Le singe anthropomorphe serait, pour eux, l'*homme typique* de même que du temps de Cuvier, les sept jours de la création étaient devenus sept périodes beaucoup plus considérables qu'on avait découvertes dans un passage de saint Augustin, *De Civ. Dei*, lib. X, 9-10-11. Saint Augustin dit le contraire, mais il ne semble pas condamner absolument l'opinion de ses adversaires.

probandi (1). Ainsi, par exemple, pour le crâne de la vallée du Néander ils ont dit que ce crâne ne pouvait appartenir qu'à un idiot, comme si l'idiotisme accidentel avait jamais causé un rapetissement aussi considérable du crâne et qu'on ne rencontrât pas l'idiotisme avec toutes les conformations crâniennes. Quant aux lacunes, il en existe et d'immenses. Non, nous ne possédons pas toute la série des types, depuis le lémurien le plus infime, le *maki*, jusqu'au singe le plus anthropomorphe ; encore moins possédons-nous la série des types intermédiaires entre le singe anthropomorphe et l'homme proprement dit. Tout cela est venu graduellement à son heure par des dégradations infinies de tons et de nuances, pour disparaître à jamais dans le grand fleuve du néant et de l'oubli. Mais il n'y a jamais eu de premier homme, de même qu'il n'y a jamais eu de premier singe (2).

La nature nous l'avons dit est comme un livre dont plus de la moitié des pages manqueraient et dont on ne peut

---

1. *Lai Sermons*, chap. xii.

2. Hellwald. *Die Culturgeschicte.* Augsburg, 1875, p. 10.
Si l'on nous dit que nous ne procédons, nous aussi, que par hypothèses pour aboutir en définitive à un mystère car l'origine des êtres est un mystère pour tous et, qu'hypothèse pour hypothèse, ils aiment mieux la leur ; à cela on peut répondre que la position n'est pas égale. Que si le mystère existe nécessairement pour tous, avec le système de l'évolution, on explique bien plus de choses, on constate bien plus de faits dans la nature que ne font ceux qui sont enfermés, comme dans un lit de Procuste, dans le cadre étroit d'une tradition. La science recule pour nous les limites du monde : *Mœnia mundi discedunt.* En outre, lorsque dans nos explications, nous avons dépassé la limite de nos connaissances bien étroites, il est vrai, nous avouons notre ignorance, nous savons dire : j'ignore ; tandis qu'eux veulent tout expliquer par le mystère et par le surnaturel et leur explication n'en est pas une.

suivre le sens que vaguement et en reconstruisant, pièce à pièce, toute la trame d'après le petit nombre, de pages qu'il nous est donné de déchiffrer et qui nous restent.

Dans la lutte infinie des êtres, dans la tourmente qui entraîne toute chose, que de races ont disparu ! que d'abîmes se sont creusés ! que de détritus de substances emportés à jamais dans le tourbillon infini et qui jamais ne reviendront ! L'âge a fait disparaître peu à peu tous les débris géologiques ; il les a enfouis dans les entrailles de la terre. Enlevés peu à peu par les eaux de filtration souterraine, ils ont été entraînés au fond des mers ou perdus dans les profondeurs de l'atmosphère. Il reste aussi beaucoup à découvrir; et les trois quarts de l'Europe et de l'Amérique, toute l'Asie, l'Afrique et l'Australie sont encore inexplorés (1).

Nous allons dans le chapitre suivant discuter la valeur des témoignages qui nous sont restés.

1. La Lémurie. D'après plusieurs savants parmi lesquels se range Hæckel, il y aurait des motifs de croire que le passage graduel entre le singe anthropomorphe et l'homme a eu lieu dans un ancien continent recouvert maintenant par la mer indienne qui aurait été le berceau du genre humain. Sur la valeur de cette hypothèse, il est impossible pour le moment de nous prononcer.

CHAPITRE IV

TRANSITION ENTRE LE RÈGNE VÉGÉTAL ET LE RÈGNE ANIMAL. — LES INVERTÉBRÉS.

Transition entre le règne végétal et le règne animal. — Zoophytes, polypes, etc. — Monères. — Partheno — ou métagénèse. — Nourrices. — Rotifères et tardigrades. — Générations spontanées. — Ce qu'il faut en penser. — Crises de la nature. — Les orages.

Malgré les critiques des métaphysiciens sur les lacunes qui existent dans le système de Darwin, les anneaux visibles et palpables en quelque sorte sont nombreux entre le règne végétal et le règne animal. Nous avons déjà vu la transition entre le soi-disant règne minéral et le règne végétal. Les trois faces de la nature à nous connues ne pourraient donc plus s'appeler des règnes; ce sont plutôt comme des provinces d'un même royaume qui doivent toujours s'harmoniser et s'accorder. Nous avons déjà vu dans le chapitre précédent que les organes sexuels des végétaux et des animaux étaient remplis de substances à peu près identiques. Ainsi le spermatozoïde qui pour l'animal vit dans la liqueur séminale, se trouve dans le pollen des végétaux. C'est ce que les anciens botanistes ont appelé les phytozoaires (1). Comme transition entre le règne végétal et le règne animal on peut citer une quantité d'espèces telles que les polypes, les zoophytes, les coraux, etc. (2).

Le polype a l'aspect d'une plante : il s'accroche aux rochers et s'y tient de telle sorte qu'on ne peut, dit-on, l'en arracher sans écorner le rocher. Pourtant il est doué de mouvement et peut vaguer à travers les mers. Son mode de génération aussi diffère de celui des autres végétaux et semble se rapprocher de la parthénogénèse. En effet l'on voit se former une cloison intérieure en noyau ou en dépôt calcaire ; cette cloison n'est autre chose qu'un polypier qui tantôt ne donne naissance qu'à un seul individu, tantôt devient le foyer d'où rayonnent des individus nombreux.

Mais parmi les polypes un des plus étonnants par la simplicité de sa reproduction c'est la monère. On appelle monères des corps qui ne sont ordinairement composés que de protoplasme, à savoir des substances des plus simples, pour la plupart albuminoïdes : généralement des composés variables de carbone et d'albumine. Une espèce de ces zoophytes a été découverte par M. Huxley qui l'a nommée Bathybius-Hæckelii. Hæckel lui-même a eu lieu de l'observer et en fait une description complète dans son *Histoire de la création naturelle* (3).

1. La distinction des trois règnes de la nature est une vieillerie. C'est une distinction purement factice et arbitraire qui ne repose sur rien. Quant à la distinction entre l'organique et l'inorganique, on a découvert qu'une foule de substances qu'on regardait comme inorganiques faisaient ou avaient fait au contraire partie d'organismes vivants. Voir à ce sujet Wundt Lehrbuch, *der Physiologie Leipsick bei Enke*, 1873, p. 40-15 et Berthelot, *Chimie organique*.

2. Voir Darwin, *The Coral reefs*.

3. P. 161 de la traduction française.

Voici comment se comportent ces êtres qui sont parmi les plus simples qu'on ait jusqu'à présent observés. D'un noyau albumineux qui paraît être une simple cellule, il sort tout à coup de faux pieds (1), rappelant ceux des polypes. Ces organes leur servent aux fonctions de la nutrition, à absorber les corpuscules qu'ils trouvent sur leur chemin. Ils les rentrent ensuite comme les tentacules d'un colimaçon et reprennent la forme sphéroïdale. Ils vivent généralement au milieu des mers à des profondeurs inaccessibles ; aussi est-ce un heureux hasard que celui qui a mis les savants sur la trace de ces composés primitifs. Leur mode de reproduction est aussi des plus simples. Au lieu de se reproduire par le moyen ordinaire de la génération, la transfusion du contenu du germe mâle dans l'ovule femelle, ils se reproduisent par voie de scissiparité, c'est-à-dire qu'une cellule se divise et par son dédoublement donne naissance à plusieurs cellules. C'est là, semble-t-il, le mode le plus simple, le plus primitif de reproduction naturelle, mais ce n'est que dans des cas bien rares qu'il nous est donné d'assister à un tel spectacle, de dérober ainsi à la nature son secret. C'est là, la génération qu'on appelle asexuelle (2).

Une autre forme de reproduction dans les êtres peu complexes, c'est la parthénogénèse. Nous la voyons journellement dans les plantes qui se reproduisent souvent artificiellement non par les organes sexuels mais par les mar-

1. Pseudopodes.
2. Hæckel. *De la Création naturelle*, p. 166. Hæckel et Huxley ont étudié et classé ces êtres primitifs qu'on connaît maintenant dans la science sous le nom de protistes. (Voir le discours inaugural de M. Claude Bernard à l'Académie de Clermont.)

cottes, par les boutures, par la greffe ou l'ente, etc. Nous la voyons dans plusieurs polypes, dans quelques insectes et en particulier dans les pucerons. Il arrive chez ces petits animaux que les parents donnent le jour à des individus complétement privés des organes sexuels mais qui sont chargés d'ovules qui donnent naissance à des individus parfaitement conformés, doués des organes sexuels et féconds. On appelle nourrices ces individus intermédiaires qui semblent chargés de transmettre la vie à une deuxième génération tout en étant dépourvus eux-mêmes des organes propres à la donner. Cette génération alternante ou parthénogénèse a été observée par Réaumur, Bonnet et Owen non-seulement chez les pucerons mais aussi sur des insectes appartenant à l'ordre des hyménoptères (1).

De même que la vie peut se reproduire sans qu'il y ait besoin de génération directe, il existe des êtres chez lesquels l'existence peut être suspendue, en quelque sorte, et revenir au bout de plusieurs mois, de plusieurs années même. Tel est le cas des rotifères et des tardigrades. Ces deux espèces, qui appartiennent à la catégorie des annélides, peuvent se dessécher complétement et perdre pendant cette période toute apparence de vie. Ils peuvent rester des mois entiers hors de l'eau sans avoir plus d'aucune façon l'aspect d'un animal. Ils ressemblent tout au plus à des feuilles sèches roulées sur elles-mêmes. Remettez-les à l'eau, faites arriver jusqu'à eux l'humidité par un moyen quelconque, et vous les verrez bientôt revenir à la vie, s'agiter, frétiller avec vivacité. Spallanzani qui, le premier, constata

1. On s'était pourtant trompé à l'endroit des abeilles. (Voir au -chapitre, suiv., p. 60.)

cet intéressant phénomène, s'empressa de le communiquer à Voltaire qui, dans une de ses lettres les plus piquantes, lui répondit ces paroles : « Si le *rotifero* et le *tardigrado* morts et pourris (1) reviennent en vie, reprennent leur mouvement, leurs sensations, engendrent, mangent et digèrent, on ne saura pas plus comment la nature leur a rendu tout cela, qu'on ne saura comment la nature le leur avait donné, et l'un n'est pas plus incompréhensible que l'autre. J'avoue que je serais curieux de savoir pourquoi le grand Être, l'auteur de tout, qui nous fait vivre et mourir, n'accorde la faculté de ressusciter qu'au *rotifero* et au *tardigrado*. Les baleines doivent être bien jalouses de ces petits poissons d'eau douce (2). » Au reste pour qui sait observer l'anneau qui relie l'animal à la plante, est visible dans toute la nature. Cet anneau, c'est la vie et un commencement de volonté, qu'on appelle la sélection, un pouvoir de choisir le milieu qui lui est propre. La plante privée de lumière allonge et penche ses rameaux pour la trouver ; elle introduit ses branches dans les fissures des murailles, dans n'importe quel petit trou, pourvu qu'au bout elle trouve la lumière du soleil. Même les plantes qui peuvent se passer de lumière pour vivre, la chicorée des caves, par exemple, se détournent et infléchissent leurs feuilles lorsqu'elles peuvent l'atteindre, même de loin. J'ai dans mon jardin un abricotier qui est né sous le toit d'une maisonnette très-basse que j'avais fait bâtir au bout d'un espalier. Cet abricotier a grandi et grossi, il est très-

1. Ici Voltaire se trompait.
2. *Correspondance*, lettre 7156, édit. Beuchot.

beau, mais toutes ses branches ont passé par une ouverture que je lui avais ménagée au-dessous du toit, de sorte que sous le toit et dans l'intérieur de la petite cabane, il n'y a absolument que le tronc; toutes les branches et les parties feuillues sortent en masse par l'ouverture, en décrivant un angle très-oblique et viennent s'épanouir au soleil. Ce même pouvoir se montre chez les plantes, lorsqu'elles ont quelque voisin importun qui leur enlève leur part d'air et de nourriture ; toutes leurs branches, leur feuillage, se tournent du côté qui est libre et par où elles peuvent jouir de la lumière du ciel (1).

Lorsqu'on parlait de Dieu à Laplace, il avait coutume de dire : « C'est une hypothèse dont je n'ai pas besoin. » Nous avons vu l'enchaînement des êtres, les divers modes de génération, à tel point que lorsqu'on nous parle de générations spontanées, nous pouvons dire à notre tour : Nous n'avons pas besoin de cette hypothèse. Ainsi dans la nature tout s'enchaîne; et admettre, comme l'ont fait plusieurs physiciens et chimistes, les générations spontanées, c'est presque admettre une *creatio ex nihilo*. Lorsqu'on croyait généralement que l'apparition de l'homme sur la terre ne datait que de quelques milliers d'années, on avait imaginé, pour s'expliquer la rapidité prétendue des périodes qu'il aurait dû traverser, qu'il y avait eu une phase dans la nature, où, soit par des conditions de chaleur particulière, soit par des circonstances inconnues, des êtres animés avaient pu tout à coup se produire. C'eût été une phase d'enfantement et en quelque sorte d'orage. Pourtant, rien dans l'état

1. Voir aussi *Climbing plants*, by Darwin. London, 1876.

actuel des choses ne nous offre d'analogie avec cette phase
prétendue de développement du monde et nous n'avons pas
le droit de multiplier les êtres sans nécessité, d'autant plus
que les lois que nous connaissons, transportées dans le
passé, expliquent suffisamment une grande partie des faits
constatés par la géologie (1).

Ce n'est pas à dire que, dans le principe de la vie organique de notre planète, il n'ait pas pu y avoir des générations spontanées. La formation lente du protoplasme et de
la cellule, de la monère qui se reproduit par son dédoublement, peuvent être regardés, en un sens, comme autant de
générations spontanées. Au fond, la question des générations spontanées est nulle et vide de sens : elle se réduit à
l'absurde de la façon suivante :

Ceux qui, comme M. Pouchet de Rouen, affirment la possi-
bilité des générations spontanées dans l'état actuel de notre
planète, ne peuvent jamais prouver qu'ils ont détruit tous
les germes préexistants contenus à l'état d'infiniment petits
dans les poussières atmosphériques, et transportés dans
l'Océan sans cesse agité des airs, des pôles à l'équateur
et de l'équateur aux pôles, comme l'a prouvé récemment M. Tyndall. Ceux qui les nient imperturbable-
ment comme M. Pasteur ne prouvent qu'une chose, c'est
qu'ils se sont placés pour leurs expériences dans des conditions impropres à la génération spontanée. Au fond nous
ne savons pas dans quel milieu ni dans quelle mesure la
génération spontanée peut se produire. S'il était permis,
dans un livre de science, de se livrer à des conjectures un

1. Voir Lyell. *Principles of geology*, chap. IX et X.

peu hasardées, quoique non en désaccord avec les données scientifiques, l'on pourrait, en comparant l'ontogénie à la phylogénie, rapprocher l'éclosion du fœtus dans le ventre de la mère, dans des conditions de chaleur tout exceptionnelles préparées par la nature, de la formation des premiers êtres organiques, lorsque notre planète était surchauffée par la chaleur primordiale. La différence de ces deux éclosions n'est peut-être qu'une différence de température, celle de la terre ne pouvant se comparer, à quelque époque que ce soit, à celle du sein maternel, et ne se traduit que par une question de longueur de temps (1).

Quoi qu'il en soit, nous croyons, nous, à l'enchaînement éternel des choses et il nous rend compte même des phases d'orage. Oui, la nature, dans sa marche lente, arrive à des périodes de crise et de tempête. Lorsque plusieurs évolutions nécessaires se sont lentement accomplies et accumulées l'une sur l'autre, de même qu'il ne faut qu'une goutte pour faire déborder le vase, la nature déborde tout à coup et des révolutions ont lieu. *Gutta cavat lapidem.* C'est alors qu'ont lieu les grands événements cosmiques, l'éruption des volcans, le soulèvement des chaînes de montagnes, dont Élie de Beaumont a exagéré la soudaineté, les périodes glaciaires, les alluvions. Dans ces périodes, le branle est donné, la lutte des éléments commence ; et l'on voit alors la disparition de races entières, tandis que le terrain se prépare pour de nouvelles créations plus belles, plus riches et plus jeunes. Non pas que cela arrive tout d'un coup, mais

1. Pour tout ce qui précède, voir aussi Hæckel. *Die Anthropogénie*, s. XV.

la nature, dans ces moments de crise, pousse plus vigou-
reusement encore les germes qui sont déjà près d'éclore ;
elle donne à ceux qui doivent disparaître, si je puis m'exprimer ainsi, le coup de pouce qui doit les faire périr :

> Cedit enim rerum novitate extrusa vetustas
> Semper et ex aliis aliud reparare necesse est.
> Nec quidquam in barathrum aut tartara decidit atra ;
> Materies opus est ut crescant postera sæcla (1).

Personne plus que le grand poëte latin n'a eu le pressen-
timent de la science moderne : personne n'a mieux compris
pour son temps la théorie de l'évolution : nous aurons
encore sans doute l'occasion de le citer dans bien des cas.
Mais il est temps d'entrer en matière et d'examiner la nature des animaux eux-mêmes.

1. Lucretius. *De Rerum natura*, lib. III.

CHAPITRE V

LES INVERTÉBRÉS (suite).

Annélides. — Vers de terre. — Ascidiens. — *L'amphioxus lanceola-tus.* — Articulés. — Métamorphose des insectes. — Les lépidop-tères, Chenilles, vers blancs. — Les hymenoptères, — Intelligence des fourmis. — Travaux des abeilles. — Guêpes. — Les coléop-tères. — Leurs espèces nombreuses. — Les orthoptères. — Leurs aptitudes diverses. — Ruses d'un cerf-volant. — Les araignées. — Leurs ruses. — Instinct sexuel des insectes. — Développement de certains organes se rattachant à la reproduction de l'espèce. — Libellules. — Bête à bon dieu. — Le suicide chez les insectes. — Résumé.

Avec les rotifères, nous passons de la classe des mol-lusques dans celle des invertébrés annélides. C'est une nouvelle phase plus développée de la vie. Il y a là un prin-cipe de centre nerveux. La vie est plus concentrée dans la tête et il y a un commencement de système ganglionnaire : les autres tissus ont une vie éparse et lâche. Elle paraît être disposée par couches, séparées l'une de l'autre, par des espèces d'anneaux. Lorsqu'on détache un de ces anneaux, il vit séparément pendant quelque temps étant doué de mouvement; et dans la partie qui est composée des autres anneaux et de la tête, l'anneau perdu se reforme et

4

le ver redevient de la même longueur (1). Telle est par exemple la construction du *tænia solium*. Quand il a été détruit ou expulsé, ses anneaux se reforment; aussi ne peut-on être certain d'en être complètement debarrassé tant que la tête n'a pas été rendue. Celle-ci n'est pas plus grosse qu'une tête d'épingle; et il semble extraordinaire qu'une si petite tête doive gouverner un si long corps.

Les vers de terre (lombrics) (2) sont de la même famille. Ils sont composés d'une substance réunie par des anneaux. Leur tête est petite; et ils se meuvent péniblement en se traînant. Leur stupidité est extrême. Lorsqu'ils ont quitté l'humide trou où ils passent leur vie, il leur arrive souvent de ne plus le retrouver, de ne plus savoir se mettre à l'abri. Ils s'attardent sur la route; et ils sont le plus souvent victime des insectes et surtout des fourmis qui en sont très-friandes et qui les attaquent en troupes avec avidité. Elles s'attellent à ce corps gigantesque et le traînent dans leur habitation où elles se le partagent ; et il leur sert de nourriture pendant une saison entière.

Il faut nous arrêter un moment aux annélides, car c'est parmi eux que semblent se trouver les ancêtres les plus directs des vertébrés et par conséquent les nôtres. Très près de la tribu des ascidiens, mollusques, dont l'étude germinative est si intéressante et entre le mollusque et l'anné-

---

1. Au reste, ce ne sont pas seulement les annélides qui jouissent de cette propriété. Si l'on coupe la queue d'un lézard, elle vivra séparément et frétillera vivement pendant quelques minutes. La portion qui manque se reformera sur le lézard au bout de quelques semaines. (V. aussi p.   .)

2. Les vers de terre proprement dit sont plutôt de la famille des helminthes qui sont parfois des entozoaires.

lide se place l'amphioxus à lancette, dont la conformation se rapproche le plus de celle des vertébrés. Cet animal qui ne possède qu'un tube intestinal et pas de cœur est celui dont le développement se rapproche le plus du développement embryonnaire de l'homme. Nous avons déjà vu (1) que la transformation embryonnaire de l'individu est comme le miroir et l'abrégé de la transformation lente et suivie des races dans la nature. Chaque règne, chaque groupe vivant ou ancestral est représenté à son moment dans la période embryonnaire. Non pas que toutes ces phases soient représentées dans tous leurs détails et avec leurs variétés, mais elles sont toutes représentées en bloc et dans l'ensemble. Plus on poursuit l'étude approfondie de l'embryon, qui est bien arriérée encore, plus on découvre de traits de ressemblance entre le développement embryogénique et le développement phylogénique des êtres. Ainsi, de même que chez les annélides et chez quelques vertébrés les membres paraissent avoir une existence séparée et en quelque sorte indépendante, de même dans le fœtus humain les membres semblent se former en s'emboîtant les uns dans les autres comme chez les annélides ou chez certains vertébrés inférieurs, tels que l'orvet (2).

A partir des annélides, la nature semble se bifurquer en quelque sorte et créer chez l'articulé, l'insecte, un être plus divergent et dont la constitution s'écarte davantage des types primitifs. Chez les annélides, en effet, la trame de la vie est très-peu compacte, très-déliée, on le voit, tandis que chez les insectes les centres nerveux commencent déjà

1. Voir ci-dessus, p. 37 note et 50-51.
2. Hæckel, *Die Anthropogenie*, s. VII-VIII.

à fonctionner avec union et suite. Ici la transition est
visible dans la nature : le ver est l'insecte à l'état de formation. Les premiers insectes, dont nous aurons à traiter
sont par conséquent ceux dont la métamorphose est plus
complète et plus régulière, qui passent de l'état de ver
parfait, de larve, à celui d'insecte parfait, de chrysalide, les
lépidoptères (1).

Étrange et admirable transformation que celle des lépidoptères? Des penseurs, des philosophes l'ont citée comme
une preuve à l'appui de l'immortalité de l'âme. *Noi siam
vermi*, dit Dante,

Nati a formar l'angelica farfalla.

Le ver commence à filer, s'enferme dans un cocon, où se
forme la chrysalide qui doit en sortir ensuite papillon :
après la métagénèse la métempsycose. Dans sa première
forme, celle de ver ou de larve, l'animal ne se reproduit
pas, il n'a pas d'organes sexuels, sa vie se passe à se
nourrir, à dormir et à muer jusqu'à son dernier âge. Le
mode de transformation des vers est, de même que leur
conformation, très-différent suivant les espèces. Les uns
sont recouverts d'un duvet rempli pour la plupart d'une
substance liquide et caustique qui leur sert de défense (2),

1. Il y a beaucoup de diptères, d'hémiptères et de coléoptères
dont la métamorphose est parfaite, mais le temps nous manque
pour suivre la nature dans toutes ces transformations si intéres-
santes, et nous demandons excuse au lecteur de ne pas pouvoir nous
étendre davantage sur ce sujet. Le domaine des insectes est très-
vaste : c'est tout un monde, car il y a l'infini dans l'infiniment
petit comme dans l'infiniment grand. L'infini, c'est-à-dire ce dont
nous ne connaissons pas les limites, nous déborde de toutes parts.

2. Il y a aussi dans un autre ordre, les myriapodes, les scolo-
pendres dont la substance caustique est dans les pattes.

ce sont les chenilles; d'autres ont une peau membraneuse et écailleuse, d'autres encore l'ont glabre et luisante. Les cocons et les chrysalides aussi diffèrent à l'infini par la forme et par la consistance. Les uns sont considérablement durs et couverts d'un duvet fin et brillant, tels que le *bombyx mori*, le ver à soie; d'autres au contraire forment un cocon mou. presque dépourvu de duvet et qui n'offre presque pas de résistance. Le fil qui les recouvre est souvent cassant et ne peut servir à faire de la soie. Parmi les papillons aussi, que de variétés! Depuis les plus simples, blancs comme celui du ver à soie jusqu'à celui qui est recouvert d'une robe éclatante de velours et d'or, d'une sorte de manteau de roi !

Comme intelligence, les lépidoptères sont inférieurs aux autres insectes; ils sont encore moins intelligents sous leur forme ailée qu'à l'état de chenilles. Faut-il l'attribuer à ce que leur vie étant coupée en deux et très-courte dans leur dernière métastase, ils n'ont pas le temps de développer leurs facultés? Toujours est-il que rien n'est plus stupide, plus incapable de se préserver des dangers que les papillons. Aussi les voit-on par centaines le soir, venir brûler leurs ailes à la flamme de la bougie. On a beau vouloir les écarter; ils reviennent quand même, attirés qu'ils sont par l'éclat de la flamme. Même lorsqu'ils se sont roussi les ailes, perdant la mémoire du triste accident qui leur est arrivé, ils y reviennent encore. Les facultés cérébrales sont donc bien faibles; et ce n'est qu'un premier rudiment d'intelligence qui se montre en eux.

A l'état de vers, ils sont généralement plus intelligents. On voit des vers se préserver des dangers par l'immobilité, ne pas remuer pour ne pas attirer l'attention, rester ou se porter sur un sol dont la couleur ressemble à celle de leur corps (1). Faire le mort pour ne pas être remarqué est une ruse que l'on rencontre de bonne heure dans l'échelle animale, car la ruse est généralement en raison inverse de la force physique et du pouvoir de résistance aux ennemis. Cet instinct suppose toutefois une longue suite d'expérience acquise et transmise par l'hérédité.

Après et plus haut placés dans l'échelle des êtres que les lépidoptères viennent les hyménoptères. C'est là qu'on voit de véritables prodiges d'intelligence. Qui n'a pas observé une fourmilière, qui n'a pas admiré l'industrie et l'intelligence de ces animalcules? Ils savent creuser dans la terre et construire, pièce à pièce, quelques centimètres au-dessous du sol, des habitations compliquées, excessivement confortables et variées. Ces maisons souterraines ont plusieurs compartiments; il y a des réserves, des magasins, des entrepôts qu'elles passent tout l'été à remplir, dit-on. Que d'industrie et de travaux accumulés! Que d'ardeur et de zèle! Quelle race infatigable! Vivant en société, elles s'entr'aident mutuellement, elles ont des chefs, des surveillants, des inspecteurs, des contre-maîtres, elles travaillent avec un acharnement inouï. On essaierait en vain de les déranger de leur besogne. Observez une longue file de fourmis traverser processionnellement une route, un sentier, les unes portant des grains de blé ou de la paille, d'autres traînant quelque cadavre d'insecte ou de

1. Telle est la coutume, par exemple, de la phyllie feuille sèche, dont la couleur est presque pareille à celle du bois mort, où elle se tient le plus souvent.

vermisseau qu'elles sont parvenues à s'approprier, le tout
devant servir soit de support ou de défense pour leurs
maisons souterraines, soit de nourriture pendant l'hiver,
Qu'une voiture, qu'une masse lourde vienne à passer.
Plusieurs d'entre elles restent écrasées, victimes de leur
courage, de leur *consigne*; les autres, sans lâcher prise,
reviennent sur les lieux, reprennent les travaux interrom-
pus, réparent les dégâts, emportent vivement les cadavres:
quelques minutes après, toute trace de la catastrophe a
disparu. Leur intelligence égale leur obstination, leur
force de caractère et leur impétuosité. Aussi les diverses
tribus de leur race se font-elles la guerre avec acharnement; elles se livrent les unes aux autres des batailles
rangées, où les morts et les blessés sont nombreux. Elles
font des prisonniers qu'elles réduisent ensuite en escla-
vage en les forçant de travailler pour leur tribu. Cette
intelligence, cette activité correspondent nécessairement
à un développement considérable des centres nerveux,
aussi la fourmi a-t-elle le cerveau très-gros pour sa
taille.

Qui ne connaît l'intelligence des abeilles! Sans parler
de leurs ruches si compliquées, si bien distribuées, si
artistement travaillées par l'emploi des matériaux les plus
divers, mais toujours les plus appropriés à leur but, sans
parler de la discipline admirable de leur petite monarchie,
car si les fourmis ont adopté la forme républicaine, les
abeilles, elles, vivent sous le régime monarchique, il est
des faits qui prouvent un véritable pouvoir de raisonnement chez ces insectes. On les a vues lorsqu'en butinant
autour des fleurs, elles sont surprises par un vent d'orage,

ramasser, de peur d'être emportées, un caillou assez gros
pour leur taille, le serrer bien fort entre leurs pattes et se
tenir ainsi tout le temps en volant, comme un nageur qui
opère un sauvetage, jusqu'à ce qu'elles aient atteint leur
ruche. Lorsqu'un insecte de leurs ennemis, un frélon, un
bourdon, par exemple, approche de la ruche pour se
nourrir de leur miel, elles courent sus, lui donnent la
chasse et s'empressent, si elles peuvent l'attraper, de le
couvrir de cire de façon à ce qu'il soit hors d'état de
nuire (1). Quel raisonnement, que de syllogismes, que
d'expérience accumulée ne leur a-t-il point fallu pour arriver à ces résultats ! Ne sont-ce pas là des actes véritablement rationnels, des actes, dis-je, d'une prévoyance rai-
sonnée, indéniable !

Chez les abeilles, de même que chez les fourmis, les
reines ont des ouvrières qu'elles font travailler à la ponte
des œufs et à la construction des ruches. On a cru jusqu'à
présent que les reines seules étaient fécondes, tandis que
les autres auraient été neutres. Mais on a découvert récemment que ce n'est qu'une question de nourriture, que
les ouvrières mieux nourries deviennent fécondes et reines
à leur tour. Que dirons-nous des guêpes qui vivent soli-
tairement ou par couples, si laborieuses aussi, quoique
leurs travaux soient moins brillants que ceux des abeilles,
si soigneuses de leurs œufs, si habiles à faire des nids
appropriés aux conditions où elles sont forcées de travailler, à choisir les places les plus propices pour y intro-
duire leurs œufs !

1. Wundt. *Vorlesungen über die Menschen-und Thierseele*, s. XIII.

Voyons maintenant les orthoptères et leurs voisins les coléoptères (1). Prenons d'abord les blattes dont les espèces sont si nombreuses que l'on peut y rattacher aussi bien le cafard ailé que le cafard sans ailes, cri-cris, boulangères, cancrelats, etc. Plusieurs espèces de grillons ont tellement d'affinité avec les blattes qu'on peut les confondre avec, tandis que par un autre côté elles touchent de très-près aux scarabées de tous genres, couturières, courtilières, hannetons (coléoptères).

Ici la transition est visible. Depuis ces espèces que nous venons de nommer et qu'on range généralement parmi les orthoptères, jusqu'au bourdon, à l'escarbot, au cerf-volant, au scarabée ailé qu'on place dans la famille des coléoptères, il y a une chaîne ininterrompue de transitions infinies. Un des premiers anneaux se trouve très-probablement dans le cloporte qui semble tenir le milieu entre les crustacés et les myriapodes. Ne prenons dans ces animaux qu'un point de comparaison, les ailes, et nous verrons par quelle série de dégradations infinies ils passent. Les uns ont deux et même quatre paires d'ailes parfaitement formées et avec lesquelles ils peuvent s'élever très-haut, ce sont les bourdons, les escarbots, les cerfs-volants et même les hannetons. Les autres, certains scarabées ont des ailes et même deux et quatre paires d'ailes qu'ils ne font qu'ouvrir et fermer, mais ils peuvent s'élever à peine. C'est un vain effort vers le vol; il est même très-rare de

1. Tellement voisins qu'ils ne peuvent se distinguer que dans le premier âge, parce que les orthoptères ne subissent presque pas de métamorphose, tandis que les coléoptères en subissent une complète.

les voir s'élever, ne fût-ce qu'à quelques pouces de terre,
si ce n'est peut-être dans des cas de danger extrême. Ils
retombent alors souvent et leur chute est lourde. Il y a
enfin le cafard des caves qui n'a plus d'ailes, mais qui en
garde toujours les rudiments.

Quelle plus grande preuve peut-on donner de la loi de
la transformation graduelle par l'exercice et par l'hérédité ?
Parmi les cafards dont la famille est si nombreuse dans la
nature (ce sont des animaux migrateurs (1) et qui souvent
viennent de loin), les uns habitent la campagne ouverte et
ils volent dans les airs. Ceux-là conservent leurs ailes
parce qu'ils continuent de s'en servir, d'autres habitent
les maisons, les fentes des murailles, les manteaux des
cheminées ; ceux-là ont moins besoin d'ailes, aussi leur
vol est court, et ils n'en usent que dans des cas de grand
danger. Il en est de même de la *blatta stercoraria*, qui a
jusqu'à quatre paires d'ailes et qui ne peut pas voler, et
du cafard des caves, dont les ailes sont complétement
atrophiées (2) et qui n'en a plus que les rudiments ; preuve
incontestable pour nous qu'il descend d'ancêtres qui en ont
eu et qui les ont perdues peu à peu, héréditairement, faute

1. Certaines espèces, surtout le cancrelat, traversent souvent la
mer dans les bateaux.
2. Les partisans de la fixité ne pouvant donner d'autre explication d'un fait aussi concluant se voilent la face et disent piteuse-
ment : *que leur développement éprouve un arrêt inexplicable !*
Blanchard, *Métamorphose des insectes*, p. 565. Il en est de même
des oiseaux de basse-cour, pour le dire en passant. Ayant perdu
l'habitude de voler qui ne leur est plus nécessaire pour vivre,
ils perdent héréditairement l'usage de leurs ailes. Témoin l'autruche
qui n'a pas non plus besoin de voler, puisqu'elle se nourrit aux
branches des grands arbres.

d'usage. Quelle preuve plus frappante veut-on de l'atrophie des organes par le manque d'exercice et de l'influence continue de l'hérédité !

Ces animaux sont très-intelligents ; ils ont une force extraordinaire de caractère ; ils sont aussi doués de raison. On voit souvent les blattes stercoraires traîner en s'y attelant à deux, un très-gros morceau de bouse de vache qui doit leur servir de nourriture ou de nid pour y déposer les œufs. Le poids est énorme, le chemin inégal, le terrain glissant ; elles roulent à travers les pierres leur fardeau qui leur échappe ; elles le reprennent, elles s'y attellent de nouveau et finissent à travers toutes sortes de périls et de difficultés par l'emporter dans leur demeure. Si vous les interrompez dans leur travail, elles s'arrêtent, elles sont aux aguets, aussitôt que vous vous êtes éloigné elles reprennent l'ouvrage interrompu.

J'ai assisté une fois moi-même à un spectacle qui prouve la ruse étonnante de ces animaux. Un cerf-volant d'une certaine grosseur était attaqué par un gamin qui le poussait devant lui avec un gros bâton. Il replie aussitôt ses ailes, rentre autant que possible ses pattes et se met à faire le mort avec tant de naturel que je pensai qu'il avait été assommé. Je m'approchai du gamin et lui demandai avec une certaine sévérité pourquoi il tourmentait cette bête. Le gamin crut prudent de se sauver à toutes jambes, et le cerf-volant resta sur le carreau. Je le croyais mort : je m'approchai et il ne remua pas. Pourtant à l'aspect général de son corps ramassé sur lui-même, il me sembla qu'il ne devait pas être atteint. Je me mis alors à l'observer, je m'en approchai lentement ; le cafard ne bougeait pas. Enfin je me retirai derrière une haie. Je n'étais pas plus tôt disparu que le cerf-volant prenant son essor, s'envole tout à coup très-haut et se sauve, bien loin en traversant une haie du côté opposé au mien.

La même faculté de ruse existe aussi chez les arachnides. Lorsqu'une araignée se sent menacée, elle retire prestement ses pattes, se jette par terre ou tâche de disparaître dans quelque coin et fait la morte. Elle possède tellement le moyen de se déguiser, qu'une fois roulée sur elle-même et ses pattes rentrées dans son corps, elle n'a plus du tout l'air d'un animal et elle échappe souvent ainsi aux poursuites dont elle est l'objet. Qui ne connaît aussi sa persévérance à guetter les insectes qui vont imprudemment se jeter dans sa toile ! Blottie dans un coin, invisible à tous les yeux, elle attend sa victime, elle l'épie, elle la guette, lorsqu'elle voltige autour de sa toile, jusqu'à ce qu'elle y tombe. Alors elle fond sur sa proie et l'emporte précipitamment dans un coin reculé pour s'en nourrir tout à son aise.

L'araignée est un animal de proie par excellence et en possède toutes les qualités. Elle s'attaque à des animaux bien plus forts qu'elle, en apparence, pour en faire butin, s'en empare et les emporte dans des replis de sa toile visqueuse, pareils à des poches qui seraient faites *ad hoc* et qu'elle dispose très-artistement en les fixant d'une manière solide aux extrémités de sa toile.

Pour donner un exemple de leur courage et de leur persévérance, je vais citer un fait qui s'est passé sous mes yeux. J'avais une cave pleine de cafards. Les araignées s'y introduisirent, probablement par la fissure d'un jour de souffrance. Elles commencèrent à donner la chasse aux cafards et, dans ce but, elles semblaient s'appeler les unes les autres, car tous les jours il y en avait davantage. Les murs de la cave se tapissaient peu à peu de toiles d'araignée qui formaient une étrange tenture. Des poches ou plutôt des sacoches admirables étaient construites dans tous les coins. Là elles entassaient, elles empilaient les cafards dont elles faisaient provision, après les avoir tués par dizaines. Au bout d'un mois les cafards furent complètement détruits.

L'araignée et le cafard s'apprivoisent aisément. On connaît l'histoire de Lauzun qui avait apprivoisé une araignée dans sa prison. Moi-même j'ai apprivoisé des cri-cris, en leur jetant du sucre en poudre dans ma cave. Toutes les fois que j'ouvrais la cave, plusieurs cri-cris venaient à ma rencontre et paraissaient me demander à manger.

L'instinct du sexe est aussi très-fort chez les insectes. Qu'on lise le bel ouvrage de Darwin sur l'*Origine de l'Homme* (1); l'on y trouvera toute sorte d'exemples d'insectes luttant entre eux pour obtenir les faveurs des femelles de leur espèce. Il examine et passe en revue tous les ornements que l'instinct du sexe développe en eux héréditairement et par voie de sélection naturelle. Ailes brillantes et diaprées, cornes et appendices de toute espèce, robes resplendissantes et dorées ou bien d'un rouge écarlate, tachetées de petits points noirs. Qui pourrait regarder sans les admirer, le scarabée aux couleurs brillantes, l'abeille, la guêpe à la taille si élégante et si fine, qu'un des plus agréables compliments qu'on puisse faire à

1. *Descent of Man*, Part. II, chap. XI.

une femme est de lui dire qu'elle a une taille de guêpe!
Qui peut contempler les demoiselles et autres libellules
des lacs, les couturières avec leurs robes vertes et or et
jusqu'à la petite bête à bon dieu avec ses petites ailes
rouges parsemées et constellées de points noirs comme un
abrégé du firmament! Toutes ces beautés, c'est l'instinct
du sexe qui les a développées, qui les a accumulées, qui
les a conservées, qui les a accrues ; c'est l'amour répandu
au sein de la nature entière qui perfectionne les races, qui
étend ses bienfaits sur tous les êtres, depuis le plus complexe et le plus élevé, jusqu'au plus infime et au moins
bien doué ; et dans toute la nature enfin, comme l'a dit le
poëte latin, c'est la déesse des amours, qui à travers l'espace, toujours jeune, toujours présente, toujours infatigable, pousse les êtres à se multiplier, à se propager et à
se conserver par la volupté :

Efficis ut cupide generatim sæcla propagent (1).

Il n'est pas jusqu'au suicide que l'on ne rencontre chez
les insectes. L'on sait que le scorpion se tue, en se perçant
de son propre dard, lorsqu'il est entouré d'un cercle de feu
infranchissable. Il se tue ainsi que l'homme, lorsque la vie
devient impossible pour lui et pour éviter un plus grand
mal. Le suicide du scorpion, de même que celui de
l'homme, prouve bien la réalité de la lutte pour la vie dans
toutes les races. Chez l'homme, à moins qu'il ne soit le
résultat de la folie, auquel cas il se range parmi les phénomènes pathologiques, il n'est que l'expression de la con-

1. De Rer. nat., lib. I.

viction qu'on a d'avoir perdu la partie *dans la lutte pour l'existence*, d'avoir fait *a failure in life*, comme disent les Anglais. On se sent entouré d'un cercle de feu qu'on ne saurait franchir.

En résumé, nous commençons à voir dans les insectes, l'intelligence, la prévoyance, bien des qualités enfin que nous admirons chez l'homme; elles existent dans l'instinct, elles se développent peu à peu par l'expérience héréditaire, l'animal se perfectionne de plus en plus; et à ce perfectionnement correspond toujours un agrandissement ou une meilleure conformation du cerveau dans toutes les espèces qui s'allie à une plus grande complexité d'organes. Nous avançons ainsi peu à peu dans l'échelle des êtres et nous arrivons aux animaux supérieurs.

CHAPITRE VI

LES VERTÉBRÉS.

Nous avons déjà vu l'instinct raisonné, l'esprit de suite, l'intelligence, la reconnaissance et l'affection chez les invertébrés. Nous avons trouvé dans la fourmi, dans le cafard, une force de caractère, une ténacité d'idées à faire honte à bien des êtres d'un ordre plus élevé; que sera-ce lorsque nous passons à la grande famille des vertébrés, qui comprend tous les animaux depuis le reptile le plus infime jusqu'à nous, qui nous piquons d'être les rois et les maîtres de l'univers !

sans abri par des nuits d'hiver, dans des montagnes déso-
lées, par la tourmente, au milieu de la neige durcie
souffrent cruellement. Les exigences impérieuses d'un estomac à jeun et d'une capacité énorme les poussent; et
l'on sait que *ventre affamé n'a pas d'oreilles*. Lorsqu'ils
finissent pas trouver une proie, ils se jettent dessus avec
fureur, ils la mordent, ils la déchirent avec acharnement,
tout leur système nerveux est ébranlé par la douleur, par
l'attente, par la course violente, par la fièvre du danger,
par l'ivresse du sang, par une longue agonie d'angoisses
et de supplices, par la persécution dont ils sont les victimes
héréditaires. Et de même que le soldat à la fin d'une
bataille, foule aux pieds les cadavres, déchire, tue avec
fureur, enivré qu'il est par la vue du sang, par le danger
couru, déchaîne sa fureur contre l'ennemi vaincu et devient
capable au dire des meilleurs (1) des actes les plus
cruels (2), de même la bête féroce n'écoute plus que son
désir, sa faim et sa colère.

De même le tigre du désert paraît se plaire aux cris de

---

1. Voir Proudhon : *La Paix et la Guerre*, chap. vii et *passim* ; et
aussi du même auteur *de la Justice dans la Révolution et dans
l'Église*.

2. Et Shakespeare dit :

> But when the blast of war blows in our ears,
> Then imitate the action of the tiger,
> Stiffen the sinews, summon up the blood
>
> . . . .
> Then lend the eye a terrible aspect
>
> . . . .
> Now set the teeth and stretch the nostril wide,
> Hold hard the breath and bend up every spirit
> Tho his full height.

Henri V, act. iii, sc. 1.

6

douleur, aux souffrances de la proie qu'il a saisie. Il la déchi-
quette, peu à peu, au lieu de la tuer d'un seul coup et joue
avec sa victime pantelante, de même notre chat domestique s'amuse et joue avec la souris ; de même les enfants
s'amusent souvent aux souffrances cruelles des animaux.
Les femmes parfois ne font-elles pas preuve d'une coquetterie cruelle ? Ne semblent-elles pas s'amuser aux souffrances d'autrui ? Ne s'acharnent-elles pas sur leur infor-
tunée victime, lorsqu'elles ont pu saisir entre leurs griffes
quelque malheureux faible d'intelligence ?

L'on peut supposer aussi que la férocité de plusieurs
animaux de la race féline provient de l'habitude héréditaire
de conserver aussi longtemps que possible leur proie dans
les pays où la nourriture n'est pas abondante, car tous les
animaux sauvages et notre renard d'Europe ont l'habitude
de faire des provisions qu'ils amassent et qu'ils enterrent,
lorsqu'ils ont fait bonne chasse (1). Et d'ailleurs ne voit-on
pas parmi les hommes, de cruels tyrans, des fous furieux,
Néron, Caligula, Domitien, de même qu'on rencontre des
François d'Assise ! La même chose a lieu chez les animaux ;
le climat, l'habitude héréditaire, la persécution dont ils
sont l'objet, la chasse habituelle les rendent souvent féroces.
Mais il n'en est aucun qu'on ne puisse apprivoiser, aucun
qui ne s'affectionne et qui ne donne quelque marque de
bonté. Le lion, l'ours se sont affectionnés, ils sont devenus
les serviteurs de l'homme.

L'ours surtout jouit d'un très-grand pouvoir de domes-

1. Voir aussi la fable de la Fontaine : *Les Souris et le Chat-huant*,
fab. IX, liv. XI, qui n'est pas une fable, mais un fait réellement
observé (Comp. aussi Darwin, *Descent of Man*, vol. I, p. 75).

tication ; il apprend à danser en tenant entre ses jambes une sorte de bâton : il acquiert aussi tous les goûts humains, même celui de l'ivrognerie ; et une fois qu'il a pris le goût du vin ou des liqueurs, de même que les hommes, il ne peut plus y renoncer : sa passion l'emporte et le rend ingénieux ; il apprend à déboucher de lui-même les bouteilles, pour se gorger de vin ou d'eau-de-vie : et il n'est pas rare qu'on l'ait trouvé, après un larcin de ce genre, ivre-mort sous la table, aussi bien qu'aurait pu le faire un serf de Russie, un alderman d'Écosse ou un lord anglais après souper. Une fois rassasiés et assouvis, ils ont pu donner l'essor à des sentiments de tendresse, ils ont aimé leurs camarades de servage, d'autres animaux.

L'ours est très-intelligent et très-adroit. L'ours blanc dans les banquises, se défend contre ses agresseurs humains avec d'énormes blocs de glace qu'il leur lance avec beaucoup d'assurance, de précision et de talent et qui sont assez gros parfois pour défoncer les bateaux. L'on sait aussi que l'ours n'est pas très-carnivore. Il vit beaucoup de grains et fait beaucoup de dégâts dans les récoltes. Comme ces dégâts font qu'on le recherche activement, il emploie la ruse ; et voici comment il s'y prend pour retarder le plus longtemps possible la découverte de ses méfaits. Il s'introduit par exemple dans une plantation de blé ou d'orge en laissant le moins de traces possibles de son passage à l'entrée. Quand il est au milieu, il mange le blé ou l'orge à même la plante, en broyant les épis dans sa bouche et laissant les tiges debout pour que la récolte ait l'air d'être encore sur pied. Ce n'est souvent qu'à la moisson qu'on s'aperçoit des ravages qui ont été faits. Cette ruse de l'ours décèle une expérience, une finesse et un sang-froid incroyables.

L'ours a encore ceci de commun avec l'homme qu'en sa qualité de plantigrade, ayant la plante du pied très-large et très-développée, il se tient volontiers debout sur ses pattes de derrière en regardant le ciel (1). L'ours combat aussi, debout sur ses pattes de derrière et se tient assis à la façon de l'homme pendant le repos, ce qui explique peut-être le peu de développement que présente en général sa queue.

L'ours nous donne aussi l'exemple de la vie de famille, de la concorde et de la paix dans le ménage, du respect des enfants pour leurs parents. Les oursons, en effet, sont très-intéressants à observer dans leurs rapports avec leurs père et mère, pour lesquels ils se montrent toujours pleins de déférence et de soumission (2).

Lorsqu'on fait valoir comme preuve de la supériorité de l'homme, la grande différence qui existe entre l'Européen civilisé et la bête féroce, on ne se rend pas assez compte de ce que serait l'homme tourmenté par la faim et dans l'impossibilité de l'assouvir tout à son aise. Nous verrons tout à l'heure ce que sont les sauvages d'Amérique, les Peaux-rouges, les Iroquois et les Esquimaux. En général dans l'appréciation des faits moraux on ne tient pas assez compte de cette très grande vérité : c'est que l'assouvissement des besoins vient en première ligne : la sensibilité, la tendresse ne viennent qu'après. Ce n'est que lorsqu'on est repu qu'on devient accessible à des sentiments de dou-

1. Que devient alors le fameux :
    Os homini sublime dedit cœlumque videre
    Jussit et erectos ad sidera tollere vultus ?
2. Voir Carl Vogt. *Leçons sur l'homme.*

cœur et de bienveillance. C'est là, une des conséquences nécessaires de la lutte pour l'existence.

Une autre passion qui est bien humaine, se rencontre
chez l'animal, c'est la soif de la vengeance. Il y a des espèces surtout qui se vengent avec préméditation. On a vu des
chevaux maltraités par des gens brutaux enfermer, couver
leur haine, ajourner leur vengeance et épier une occasion
favorable pour l'assouvir. Un valet d'écurie se livrait à des
mauvais traitements sur des chevaux confiés à sa garde, il
s'amusait à leur faire des blessures, à les tourmenter. Un de
ses chevaux lui garda rancune ; et un jour qu'il put le saisir entre la mangeoire et les planches de division, il se jeta
sur lui et lui mordit le bras avec une telle férocité qu'on
fut forcé de l'amputer.

Un chat avait été tourmenté par un gamin qui avait l'habitude de lui attacher des casseroles, des flammèches à la
queue ou de le prendre par la peau du cou, pour le faire
ensuite retomber violemment sur le dos. Une nuit le chat
se glissa dans sa chambre et pendant qu'il dormait sauta
sur lui et l'étrangla.

Je vais maintenant citer des exemples de l'affection contraire. La reconnaissance, la gratitude, l'affection peuvent
être ressenties au plus haut degré par les animaux. Qui ne
connaît le dévouement du chien, son ardeur à défendre son
maître, sa vaillance ? Pour lui, il affronte les plus grands
dangers, il s'expose à toute sorte de périls. L'on sait que le
chien de Terre-Neuve, celui du Saint-Bernard se jettent
dans l'eau, dans la neige pour sauver même des inconnus.
Outre l'affection, il montre l'intelligence la plus développ-
pée ; il tient compte du temps et attend son maître à

l'heure habituelle ; s'inquiète, aboie et s'agite, s'il tarde à venir.

J'ai un chien qui a l'habitude de me suivre à la promenade, quand je vais à pied ; lorsque je le trouve couché dans l'antichambre, il se lève tout joyeux pour me suivre, mais il regarde bien à mes pieds ; s'il me voit des éperons, il ne bouge pas, il se borne à me suivre tristement du regard, mais il sait que je monte à cheval et qu'il ne doit pas m'accompagner.

Le chien d'un curé de campagne qui aimait beaucoup son maître, le vit tomber un jour dans une fondrière, d'où il ne pouvait sortir sans l'aide de quelqu'un. Sa casquette était tombée et surnageait au-dessus de l'eau ou bien était restée accrochée aux branches (je ne sais plus lequel). Le malheureux prêtre, ayant de l'eau jusqu'à la ceinture criait et se débattait en vain. Que fait le chien dans cette circonstance critique ? Il s'empare de la casquette et l'emporte tout d'une haleine, jusqu'au presbytère. Le vicaire et les autres habitants de la maison furent très-étonnés en voyant arriver le chien tout seul avec la casquette de son maître. Leur étonnement redoubla lorsqu'ils virent le chien inquiet, agité, se trémousser et faire mine de vouloir repartir encore. Ils se décident à le suivre et le chien les mène au bord de la fondrière. C'est ainsi que le pauvre curé put être sauvé ; et c'est à son chien qu'il doit la vie. Le fait s'est passé, il y a une vingtaine d'années dans une cure près de Florence à M... Le héros et les témoins de l'aventure sont toujours en vie.

J'ai connu une jeune fille frêle et maladive qui avait apprivoisé une souris. Elle la gardait toujours à côté d'elle ; elle lui donnait à manger de ses mains et ne la quittait jamais. La jeune fille mourut, sa mère, sa sœur continuèrent à nourrir le petit quadrupède avec sollicitude, à lui prodiguer les plus grands soins. C'était pour elles comme le souvenir vivant de la fille, de la sœur bien-aimée qu'elles avaient perdue. Rien n'y fit : après la mort de la jeune fille, la pauvre souris dépérit lentement, elle cessa de manger et mourut au bout d'un mois.

Qui ne connaît la gentillesse de l'écureuil et son pouvoir de s'affectionner ! Toute la classe des rongeurs se sent portée à l'affection et à la bonté pour ses pareils. Ils sont peut-être plus que les autres races serviables, affectueux.

Il arrive souvent aux vieux rats de devenir aveugles. Alors ils se blottissent dans un trou et n'en peuvent plus sortir. Mais les jeunes leur viennent en aide et leur apportent leur nourriture de tous les jours avec dévouement, prévoyance et affection (1).

L'homme porte généralement des jugements très-erronés sur les animaux en partant toujours du faux point de vue qu'il y a entre lui et eux une différence intrinsèque, une différence de nature. Ainsi il a peine à croire à la prévoyance, à la préméditation chez les animaux, à leur accorder le moindre brin de raison ; et lorsque des faits bien constatés viennent lui crever les yeux en quelque sorte, il les met sur le compte d'une faculté obscure qu'il leur accorde vaguement sans s'en expliquer la nature ni la portée et qu'il appelle l'instinct. Nous verrons plus tard (2) ce que c'est que l'instinct, mais ce

1. Wundt, *Vorlesungen*, etc. Vol. II, p. 192.
2. Chap. IX.

nom donné à tort à d'autres facultés fausse entièrement le jugement sur celles-ci. Ainsi de même qu'on refuse en général aux bêtes certaines facultés qu'elles possèdent incontestablement, on leur accorde en revanche certains pressentiments qu'elles n'ont pas, le don par exemple de prévoir le temps à coup sûr. Les animaux qui vivent à l'air libre sont en effet bien meilleurs observateurs que les hommes ; ils ont souvent une sensibilité plus exquise, à moins qu'ils n'aient été gâtés par la servitude ; l'odorat surtout les sert beaucoup mieux que nous. J'ai vu les tortues de mon jardin se blottir très à fond par des temps très-doux et très-chauds. Cela indiquait toujours un changement imminent et surtout le passage de la chaleur au froid. Les oiseaux de passage, les bécasses, les grives n'arrivent pas à heure fixe, mais précèdent de quelques jours l'arrivée des grands froids. Souvent pourtant ils se trompent. Un revirement brusque arrive dans la direction du vent qui du nord passe au sud par exemple et les voilà arrivés quinze jours en avance. Si au contraire le vent passe subitement du sud au nord, voilà nos oiseaux qui n'avaient pas prévu ce changement saisis par le froid et obligés de brusquer leur départ. Ces bévues leur causent souvent un grand nombre de victimes. J'ai vu moi-même par une éclipse presque totale de soleil, les oiseaux surpris chercher un refuge dans les branches et aller se coucher prématurément avec un sentiment de terreur.

Pour ce qui est de la reproduction de l'espèce, on a dit souvent que l'homme était le seul animal qui fît l'amour en tout temps. Rien n'est plus erroné. Les animaux aussi font l'amour en tout temps ; les juments, les vaches, sont en chaleur toute l'année (une fois par mois). J'ai vu des tortues, des lézards, des oiseaux faire l'amour en toute saison, excepté bien entendu dans le cœur de l'hiver. Cela se comprend de reste. Les animaux qui vivent en plein air cherchent un abri pendant l'hiver et n'en sortent qu'au printemps. Les animaux hibernants dorment pendant les grands froids et sont engourdis. Le froid leur produit l'effet d'un narcotique. L'homme lui-même a besoin d'une chaleur artificielle pour se livrer aux ébats de l'amour ; et néanmoins les statistiques des naissances prouvent que, du moins dans les classes pauvres de contrées même aussi tempérées que la France, le commencement des grossesses est moins fréquent dans les trois mois les plus froids de l'année, décembre, janvier, février (1).

Les règles chez la femelle de l'homme passaient autrefois pour un distinctif de la race humaine, mais depuis qu'on connaît mieux l'organisatisn des parties génitales de la femme, depuis qu'on a étudié un peu l'embryologie comparée, on a reconnu que le rut chez la femelle de l'animal n'est autre chose qu'un phénomène analogue aux règles chez la femme (2). C'est l'œuf qui se détache de l'ovaire, qui s'approche de la matrice et qui demande à être fécondé. Chez la guenon, à part le détachement de

1. Les chiens, par exemple, s'accouplent dans les rues tout le long de l'hiver.
2. On sait que l'époque du rut arrive périodiquement chez toutes les femelles des mammifères, et autant qu'on peut s'en rendre compte aussi chez les ovipares. Chez la vache, c'est toutes les trois ou quatre semaines ; chez la jument tous les mois ; chez la chienne aussi, il y a un flux de mucus, dont l'odeur attire de loin les mâles ; et chez la poule le sang afflue à la tête et la crête se colore en rouge foncé.

l'œuf, il y a de véritables écoulements sanguins pareils à ceux de la femme.

Pour ce qui est du mariage et de la famille, la plupart des mammifères sont monogames et beaucoup plus fidèles que l'homme. C'est surtout chez les animaux sauvages que cette qualité est remarquable, beaucoup plus encore que dans nos races domestiques. On dirait que l'exemple de l'homme n'est bon qu'à les corrompre. En effet, l'homme n'est monogame que dans les pays très-civilisés, et il ne l'est surtout que pour la forme.

Si nous passons maintenant à l'amour maternel que nous avons déjà remarqué dans les reptiles et les oiseaux, nous le trouvons beaucoup plus développé encore chez les mammifères. Il est surtout remarquable chez la chienne, la vache. Qui ne se souvient d'avoir assisté au spectacle attendrissant d'une vache, à qui l'on a enlevé son veau? Qui ne se rappelle la touchante description que fait le poëte Lucrèce de cette angoisse et de cette douleur dans les beaux vers que je ne puis m'empêcher de traduire ici.

« Il en est de même de l'amour de l'enfant pour la mère, de la mère pour l'enfant, ils savent se reconnaître les uns les autres, ni plus ni moins que les hommes. Souvent il arrive qu'un veau sacrifié aux dieux expire sur l'autel dressé avec apparat, au milieu de l'encens, en répandant des flots de sang de ses entrailles. La mère désolée erre à travers les verdoyantes forêts, fouillant partout, laissant partout l'empreinte de ses pas. Elle parcourt des yeux tous les bocages pour voir si elle pourrait retrouver le fils qu'elle a perdu; elle remplit les bois de ses mugissements, elle retourne souvent visiter l'étable, percée au cœur par l'absence du fils bien-aimé. Ni les branches tendres des saules, ni les herbes baignées de rosée, ni les eaux des ruisseaux coulant doucement près de leurs bords, n'ont plus le pouvoir de consoler son cœur, d'en chasser le cruel souci. Elle voit d'autres veaux sautiller dans les pâturages, mais ce spectacle ne la calme pas, il n'adoucit pas sa douleur. C'est le sien qu'il lui faut, celui qu'elle connaît bien (1). »

Desiderio perfixa juvenci.

Quoi de plus tendre, quoi de plus approprié à l'amour d'une mère ! Mais on dit que les femelles des animaux abandonnent bientôt leurs petits, qu'elles les méconnaissent lorsqu'ils sont arrivés à l'âge adulte, lorsqu'ils n'ont plus besoin de leurs soins. Je pourrais citer bien des faits qui prouvent le contraire. Mais, dans l'humanité même, est-ce que les mères ont toujours pour les enfants grandis la même affection, la même tendresse qu'elles leur avaient vouées pendant l'enfance ? Est-ce qu'il n'arrive pas souvent que les mères qui sont encore jeunes éloignent de leur présence des adolescents devenus trop compromettants par leur grande taille et révélant trop crûment qu'elles ont passé la première jeunesse ? Ne cherchent-elles pas à se montrer ensemble le moins souvent possible, ne les reléguent-elles pas parfois dans des mansardes ou du moins dans des appartements écartés ?

En somme comme intelligence, prévoyance et affection, il serait à souhaiter que tous les hommes en eussent autant qu'il en existe chez certains animaux, surtout parmi les

1. *De Rer. nat.*, lib. II.

grands ruminants et les pachydermes. Quoi de plus extraordinaire, par exemple, que les aptitudes de l'éléphant! Dans
l'Inde, il rend à l'homme de tels services, qu'on le regarde
plutôt comme un serviteur dévoué, presque un bienfai-
teur, que comme un être dont on reconnaisse l'infériorité.
On lui donne des rues à paver. Lorsqu'on a jeté pêle-mêle
les pavés (1) c'est aux éléphants à faire le reste. Ils
finissent de les enfoncer et de les égaliser en se promenant
dessus gravement, de long en large pendant des heures. On
leur donne des enfants à garder. Avec une prévoyance
qui semble inexplicable, ils écartent de leur trompe les
petits serpents qui sont les seuls venimeux, ma·· dont aucun n'a jamais pu entamer la triple cuirasse d·· pachy-
derme. Leur cerveau est grand et susceptible de ··elop-
pement; leur éducation facile; ils apprennent aisémer·t un
grand nombre d'exercices ingénieux, comme jouer aux
cartes, compter jusqu'à 100, etc.

On accuse souvent les animaux d'être incapables de progrès. Nous verrons plus tard pourquoi le progrès chez les
animaux pris collectivement est plus lent que chez l'homme
mais, en attendant, nous pouvons constater que pris individuellement ils progressent, qu'ils peuvent acquérir de
l'expérience. Les oiseaux âgés font mieux leurs nids que
les jeunes, les castors perfectionnent leurs maisons avec
l'âge, ils évitent mieux les pièges qu'on leur tend. En toute
chose enfin les animaux plus âgés sont plus expérimentés
que les novices. Quant au progrès collectif qui n'est que
la résultante du progrès accompli par les individus, il va

1. Voir Jacolliot. *Les Éléphants.*

de soi qu'il existe toujours et partout, il est l'essence même de la doctrine de l'évolution et si nous ne le voyons pas du premier coup d'œil, cela tient à ce qu'il est nécessairement très-lent et que nous manquons de points de comparaison pour le saisir dans ses transformations successives, dans son ensemble. Plus tard, quand nous parlerons de l'homme et des sociétés humaines, nous tâcherons de bien définir la nature et les limites de ce qu'on appelle le progrès.

Nous avons trouvé la ruse qui suppose un très-grand développement de raison, déjà très-bas dans l'échelle des êtres. Que dirons-nous de l'intelligence du renard, de ses artifices pour échapper au chasseur, pour se procurer la nourriture?

On raconte qu'un renard attaché près d'un poulailler, voyant les poules voltiger autour de lui et éprouvant le supplice de Tantale, s'avisa d'un moyen assez adroit pour les avoir à sa portée. Il y avait non loin du lieu où il était enchaîné des vanneurs de blé. Il s'en approcha en tapinois, ramassa avec sa patte autour de lui un assez grand monceau de grains de blé, puis il attendit en repos. Les poules que l'instinct avertissait, n'osaient pas d'abord approcher de leur redoutable ennemi. Mais enfin poussée par la gourmandise, une poule osa faire ce qui effrayait tant les autres. Le renard attendit. Les autres poules finirent par imiter la première. Enfin tout le poulailler approcha du renard. Lorsqu'il en vit un assez grand nombre à sa portée, il fit un bond et en un clin d'œil en étrangla une dizaine. Ses provisions ainsi furent faites pour longtemps.

Un autre renard qui donnait la chasse à un lièvre, pour

ne pas l'effrayer se mit à courir devant lui de long en large comme en jouant. Le lièvre, à la longue, finit par s'accoutumer à ce spectacle et en approcha sans crainte : le renard alors se jeta sur lui et le dévora.

Les chiens domestiques ne le cèdent en rien parfois en fait de ruse, au *canis vulpes*. Chez un de mes amis, il y avait un vieux chien un peu *bête* mais qui était le benjamin de la maison, choyé et comblé de caresses et de soins par sa maîtresse. Mon ami fit l'acquisition d'un petit chien, mais tous les soins et les prévenances étaient pour le vieux. Tous les jours après-dîner on lui servait une excellente soupe accommodée par les mains de sa maîtresse et composée des reliefs du dîner, tandis qu'il n'y avait pour le jeune que des vieux os à ronger. Voici maintenant ce qu'imagina le jeune chien qui était très-rusé, pour s'approprier la soupe destinée au vieux. Au moment où on lui apportait sa gamelle et qu'il allait commencer son repas, le jeune chien se mettait tout à coup à aboyer comme s'il entendait quelqu'un et à courir de toutes ses forces vers la grille du parc. Le vieux chien entendant ce vacarme se levait aussi et le suivait en grommelant. Pendant ce temps-là le jeune chien revenait sur ses pas, atteignait en quelques bonds la gamelle, dévorait en un clin d'œil la soupe qu'elle contenait, puis se rasseyait en se léchant les babines. L'autre revenait alors et trouvait la gamelle vide. La même chose se répétait le lendemain. Le vieux chien ne s'aperçut qu'au bout d'une semaine du tour qu'on lui jouait et il ne bougea plus, qu'il n'eût mangé auparavant sa soupe.

Une de mes juments était rétive lorsqu'elle était encore pouliche. A force de la monter, j'avais fini par diminuer un peu chez elle ce défaut, qui reparaissait néanmoins de temps en temps. Seulement comme elle craignait d'être corrigée, elle avait recours à la ruse pour se livrer à son penchant. Lorsqu'elle ne voulait plus continuer son chemin, elle qui n'était pas ombrageuse du tout, faisait semblant tout à coup d'avoir peur d'un objet quelconque et se mettait à faire des volte-face et à reculer de façon que j'avais beaucoup de peine à en venir à bout (1).

On a attribué aussi aux animaux l'immunité de certaines maladies, notamment de la syphilis et de la blenorrhagie; mais l'on sait que la syphilis peut se communiquer au singe; et beaucoup de médecins admettent que le farcin, la morve sont une des formes de la syphilis chez les chevaux: ils ont aussi ce qu'on appelle le mal du coït, qui n'est autre chose qu'une espèce de blenorrhagie. On sait que la variole et le *cowpox* sont la même chose.

Nous arrivons au singe que Lamarck, Darwin, Haeckel, toute l'école moderne regardent comme l'ancêtre direct de l'homme. Cette manière de voir a, on le pense bien, soulevé des tempêtes parmi les métaphysiciens et les théologiens qui ont été appuyés par quelques savants. Nous n'avons pas besoin de résumer ici toutes les objections métaphysiques : nous y avons déjà répondu (2) une fois pour toutes, mais, au point de vue scientifique, on y a fait aussi des

1. Les chevaux et les jumens sont en général très-fins. Ils s'aperçoivent immédiatement de l'impéritie du cavalier qui les monte; et ils en profitent pour se livrer à tous leurs caprices. Lorsque, par malheur, on leur a cédé une fois on ne peut plus en venir à bout.

2. Voir chap. III, page 40 et suiv.

objections sérieuses. Nous allons les exposer sommaire-
ment.

On a trouvé une différence de conformation irréductible
entre l'homme et le singe : 1° dans certains os, notamment
l'intermaxillaire, l'os du gros orteil qui est tourné en
dedans chez presque tous les quadrumanes comme celui
de notre pouce, l'appendice caudal: 2° le poil qui recouvre
une partie de leur corps tandis que celui de l'homme est
en grande partie glabre.

Il a été prouvé depuis longtemps que toutes ces objections proviennent, soit d'une connaissance incomplète de la
véritable conformation de certains quadrumanes, soit d'une
ignorance absolue de l'anatomie et de l'embryologie
humaines.

1° Pour ce qui est de l'os intermaxillaire qui termine le
museau de la plupart des mammifères, s'il n'existe pas au
complet chez l'homme adulte, il en garde toujours les
traces; et il existe au complet dans le fœtus, pendant les
premiers mois de la grossesse, puis il s'obstrue et il s'obli-
tère peu à peu. Mais Weber (1) a trouvé moyen de le
retirer en entier, au moyen de l'acide azotique, de la mâ-
choire d'un enfant mort.

2° Quant à la conformation du gros orteil qui diffère de
celui des quadrumanes (voir la planche n° 3) : ici encore
l'embryologie vient donner raison à la doctrine de l'évolution car dans le fœtus on a trouvé cet os en voie de formation, recourbé au bout à la façon de celui des quadrumanes. Le changement héréditaire dans la conformation

1. Cet os avait été primitivement deviné *à priori*, par Gœthe.

du pied humain paraît évidemment produit par l'habitude de la station debout, où tout le poids du corps porte sur la plante du pied et fait [dévier héréditairement l'os de l'orteil.

Au reste il est facile de rendre aux pieds de l'homme l'agilité qui est dans les mains. Les clowns, les acrobates, les danseuses acquièrent aisément la faculté de se servir des pieds comme des mains; et j'ai vu moi-même une man-chote faire avec les pieds, tout, absolument tout ce qu'on fait avec les mains. Des artistes manchots peignent très-adroitement avec les pieds et l'enfant en bas âge se sert indifféremment des pieds et des mains. On le verra saisir une cuiller, une fourchette entre le gros orteil et le se-cond doigt du pied, de la même façon qu'un adulte les prendrait entre le pouce et l'index.

3° L'appendice caudal qui est développé chez la plupart des primates en dehors du corps est représenté chez l'homme par un rudiment de queue qui est un prolonge-ment recourbé de l'os du coccyx existant chez le fœtus et plus ou moins développé suivant les races, fortement pro-noncé chez quelques races sauvages (1). Au reste la queue fait défaut à la plupart des singes anthropomorphes: le gorille et l'orang-outang en sont dépourvus.

4° Quant au poil qui recouvre son corps, on sait que bien des individus humains, les mâles surtout, sont sou-vent velus. Cela tient beaucoup à la race; et le poil est

---

1. On a découvert, dit-on, récemment des hommes à queue dans une des îles de la mer du Sud, à l'est de la Nouvelle Guinée. En voir la description dans l'*Ausland*, 1877, n° 6.

répandu très-irrégulièrement sur le corps humain. Certaines parties en sont plus couvertes que d'autres. Généralement les parties abritées d'ordinaire par les vêtements
sont moins velues que celles qui ne le sont pas, mais il y a
aussi certaines parties de la figure, comme le sommet du

front, les pommettes des joues et les lobes de l'oreille qui
ne sont jamais recouvertes de poils. Il en est de même
chez le chimpansé et le gorille (1). En outre, les parties
dont l'usage est constant ou qui sont en mouvement et en
état de frottement continuel sont toujours glabres comme

1. Voir la figure ci-dessus reproduite d'après une photographie
très-soignée du chimpansé qui se trouve dans le livre de Darwin :
Expression of the emotions in Animals and Man. p. 141.

la plante des pieds chez les plantigrades et la base des pattes de tous les quadrupèdes ainsi que des quadrumanes.

Quant à la barbe qui est irrégulièrement plantée chez les diverses espèces de singes, M. Darwin croit que c'est là un attribut sexuel acquis héréditairement par les mâles, à cause de la préférence que les femelles auraient montrée pour cet ornement naturel. Quoi qu'il en soit de cette hypothèse, l'on sait que, chez presque tous les animaux, le sexe mâle est toujours plus beau et plus fort que le sexe féminin. La barbe plus ou moins inégalement répandue sur le visage est généralement pour des raisons encore peu connues mais qui tiennent à l'étroit rapport qu'il y a entre le système pigmentaire et le développement musculaire, un signe de force et de vigueur corporelle. Chez les sauvages, on a remarqué que les plus imberbes sont aussi les plus faibles. Il y a, en effet, des tribus sauvages à peu près imberbes ou avec quelques poils seulement. Se trouvant très-laids de la sorte, ils s'arrachent ou se font tomber le peu de poils qu'ils possèdent, et la race ainsi devient de plus en plus imberbe par hérédité (1). Le chimpansé, cet animal si ressemblant à l'homme, possède de fortes moustaches qui lui couvrent la lèvre supérieure : le reste du visage est à peu près glabre.

A ceux qui disent qu'il existe entre l'homme et le singe des lacunes qui sont loin d'être comblées, on peut citer le gorille qu'on appelle aussi l'homme des bois, comme un

1. Voir Darwin. *Descent of man*, vol. II p. 319-21 et aussi *Anthropological review*, october 1868 p. 363 et Novara Reise, *Anthropological Theil*, compte-rendu de MM. Scherzer et Schwartz.

anneau intermédiaire des plus rapprochés. On raconte des choses extraordinaires sur les gorilles. Quelques-unes ne sont pas croyables; d'autres n'ont pas été contrôlées par la critique. Quoi qu'il en soit, voici ce qu'il y a de certain. Le gorille est un des animaux les plus farouches qui existent. Il est d'une taille et d'une force musculaire à pouvoir lutter avec les animaux les plus féroces, la panthère et le lion de l'Atlas. Il marche souvent sur ses jambes ou mains de derrière. Il est essentiellement constitué pour grimper. Il se fait des armes avec d'énormes bâtons, dont il se sert en guise de massue, avec de grosses pierres qu'il lance adroitement. Non-seulement les gorilles, mais tous les singes et beaucoup d'autres animaux s'assemblent et *tiennent conseil*, avant les grandes décisions et ont un langage formé par des cris d'intonation diverse et nuancée, une sorte d'onomatopée expressive. Mais les poursuites continuelles dont ils sont l'objet de la part de l'homme changent, altèrent et modifient beaucoup de leurs habitudes, arrêtent leur progrès, empêchent leur développement intellectuel dans les pays où l'homme domine. Mais dans l'intérieur de l'Afrique, dans les pays où la présence de l'homme est rare, ces animaux sont beaucoup plus développés, plus intelligents. Tous les animaux, du reste, en sont là. Dans les pays déserts, ils sont plus calmes, moins féroces; ils ne sont pas en proie à cette défiance éternelle qui caractérise en Europe les fauves.

Pour en revenir au gorille, sa ressemblance avec l'homme est tellement frappante que les nègres d'Afrique racontent que leurs femmes sont souvent enlevées par des gorilles, que leur accouplement est fécond, et qu'il en naît des mulâtres peu différents des négrillons habituels. Il ne faut, bien entendu, ajouter aucune foi à de pareilles billevesées, mais tous les voyageurs qui ont vu de près le gorille n'ont pu s'empêcher de le regarder comme un parent de l'homme, un frère du nègre.

Au reste, la science moderne croit que l'homme est le descendant éloigné d'un singe anthropomorphe : elle ne dit pas que l'espèce qui a donné naissance à l'homme existe encore de nos jours. Il est probable, au contraire, que l'homme ainsi que les singes supérieurs descendent d'un singe anthropomorphe dont la race est à jamais disparue, mais non qu'ils descendent les uns des autres, comme on voudrait le faire dire (1) aux partisans de l'évolution.

Mais la question qui doit nous occuper le plus, c'est celle de l'affinité de l'intelligence entre l'homme et les animaux supérieurs, les autres primates. Une question qui n'a jamais été tirée au clair en physiologie, c'est aussi celle du rapport entre la grosseur du cerveau et l'intelligence. Il est certain que la fonction du cerveau chez tous les animaux est de penser, de même que la fonction du cœur est de faire circuler le sang des veines dans les artères, celle du poumon de respirer ; il est certain aussi que chez les

1. Il n'est pas rare en effet d'entendre objecter à la doctrine de Darwin, que du moment que l'homme descend du singe, il est étonnant que cela n'arrive pas aussi de nos jours. Ceux qui parlent ainsi n'ont absolument aucune idée de ce qu'on appelle l'évolution qui demande un espace immense de temps pour la transformation des races qui se relient entre elles par des anneaux intermédiaires, lesquels comme tous les êtres de transition durent moins longtemps et disparaissent à jamais, pour donner le jour à des espèces plus durables. (Voir Haeckel, *Die anthropogenie*, XXV.)

animaux les plus intelligents, la dimension du cerveau est
considérable du moins relativement à la grandeur du corps.
Nous avons déjà vu chez la fourmi et chez presque tous
les hyménoptères, un développement extraordinaire de la
substance cérébrale. Chez l'homme, on a pesé le cerveau
de plusieurs personnages célèbres et celui de quelques
crétins et l'on a remarqué une différence immense dans
son développement, mais on ne peut pas dire encore qu'on
ait trouvé des rapports directs, mathématiques entre la
taille du cerveau et la portée de l'intelligence, car on a vu
aussi, chez quelques hydrocéphales, le volume du cerveau
acquérir des proportions anormales. Mais dans ces cas là,
ce n'était pas la substance du cerveau proprement dite,
c'était la lymphe qui prenait des proportions extraordinaires ; c'était une espèce d'hypertrophie du cerveau, de
même que d'autres idiots sont affectés de microcéphalie.
On peut dire en thèse générale que la grandeur du cerveau
est en rapport avec l'intelligence de l'animal, mais qu'en
outre il faut la perfection, la finesse des tissus, la sensibilité et la transparence des substances grise et blanche, du
cervelet, de la moelle allongée et de la moelle épinière.
Quand on pense à l'infinité de parties, de membranes et de
filaments qui composent le cerveau, à ses volutes si compliquées, aux fibres si nombreuses qui en font partie, et
qui se montent jusqu'à un milliard et au delà, l'on est
moins étonné des facultés si multiples dont il est le siége.
C'est de toutes ces causes réunies et renforcées par l'hérédité (1), que l'intelligence plus ou moins développée est

---

1. Voir le docteur Luys, *Du cerveau et de ses fonctions*, etc.

la résultante. Cela est si vrai qu'il suffit d'une feuille de chou posée, ne fût-ce qu'un instant, sur la substance cérébrale d'un blessé ayant le crâne entr'ouvert, pour suspendre toute espèce de pensée et de sensibilité (1). Mais il n'est pas aisé de donner là-dessus des lois précises, les phénomènes de la vie étant impossibles à saisir sur le fait. C'est ce qui explique le peu de résultats qu'a eus jusqu'ici la pratique barbare de la vivisection, dans les sciences physiologiques. Nous y reviendrons plus tard, mais parler du cerveau, de son développement, de ses lois, c'est parler des facultés morales des animaux, ce qui est rentrer en plein dans notre sujet.

Chez le singe on trouve toutes les facultés morales de l'homme, affection, tendresse, dévouement. L'amour paternel et maternel est tout aussi développé chez le singe que chez l'homme. On a vu le père et la mère tenir quelquefois un jeune singe sur les genoux et lui enlever avec amour les insectes qui le tourmentaient.

La femelle d'un babouin privée de ses petits avait coutume d'adopter, en quelque sorte, d'autres singes d'espèce différente, les nourrissant et les caressant comme ses propres petits (2). A défaut de singes on leur a vu adopter d'autres animaux tels que de jeunes chats et des chiens.

Cette faculté d'aimer des animaux d'espèce différente se rencontre, du reste, dans d'autres mammifères. Une jument qui avait coutume de vivre dans une écurie avec d'autres chevaux, mise dans une étable à vaches, s'affectionna tellement à une vache que toutes les fois qu'on sor-

1. Cette expérience a déjà été faite à l'hôtel-Dieu.
2. Darwin. *Descent of man*, vol. I, p. 41 et suiv.

tait cette dernière pour la mener paître, la jument hennis-
sait, se démenait et donnait les signes du chagrin le plus
vif, de même qu'elle donnait les signes de la plus grande
joie, lorsqu'elle la voyait rentrer.

Lorsque des Européens débarqués sur les côtes d'Amérique ont attaqué des singes, on a vu de vieux singes et
des guenons, se défendre avec un courage inouï contre des
forces triples et quadruples et aller jusqu'à jeter des pierres
qui atteignaient, il est vrai, rarement leur but. Des actes
d'héroïsme ont été accomplis en cette circonstance par des
singes. L'on a vu un vieux babouin descendre de la montagne pour prendre la défense de son fils et l'arracher à
une meute de chiens furieux ; puis l'emporter en triomphe
sur la montagne après avoir risqué sa vie pour le sauver (1).

Un petit singe américain aimait son gardien au point de
le défendre au péril de sa vie d'un gros babouin qui l'avait
terrassé et qui cherchait à l'étouffer (2).

Pour ce qui est de l'intelligence et du raisonnement,
quel exemple plus frappant en veut-on que les suivants
qui sont attestés par M. Darwin? Une guenon avait adopté
un jeune chat, lequel l'avait un peu égratignée avec ses
griffes. La guenon regarda un moment les griffes de l'animal, puis, sans hésiter, les lui coupa avec ses dents : elle
reprit ensuite en amitié le jeune chat comme auparavant.
Un vieux babouin dans le jardin zoologique de Londres
avait adopté un jeune singe de la race des rhésus, mais

1. *Descent of man* vol. I, p. 75.
2. Ibid. p. 78.

quelque temps après, des mandrils étant arrivés dans la ménagerie, comme ceux-ci ont plus d'affinité avec sa race, il abandonna le rhésus et s'affectionna à un mandril. Le jeune délaissé se montra alors très-mécontent, et il saisissait toutes les occasions pour faire des niches au jeune mandril, ce qui faisait enrager le vieux babouin (1). La malice est, on le sait, très-développée chez le singe ; et ce n'est pas un petit point de ressemblance avec l'homme. On a vu des singes d'une ménagerie s'amuser à agacer un vieux chien qu'ils avaient pris en grippe (2).

Nous avons vu aussi que plusieurs singes sont doués d'aptitudes musicales (3). Parmi les gibbons, l'*hylobates agilis* remplit les bois de notes mélodieuses, et des troupes entières de ces animaux, des mâles surtout, ont été entendues à des distances de quatre et cinq lieues former un orchestre, un peu sauvage peut-être, mais non désagréable (4).

Nous allons maintenant parler d'un instinct important qui est commun au singe et à l'homme ; je veux dire la faculté d'imitation. Il n'est pas nécessaire de prouver que les singes possèdent cet instinct puisque le mot *singer* vient de là. Mais ce que l'on n'a peut-être pas aussi bien observé, c'est que le pouvoir d'imiter est un des plus importants instincts de l'homme, qu'il est même la base de l'éducation et de la société. Il est le fond des sociétés humaines, de même que de l'instinct de plusieurs espèces d'animaux.

1. Ibid.
2. Ibid.
3. Chap. VI, p. 141.
4. Ibid. p. 332.

L'homme a toujours besoin d'imiter, de se modeler sur d'autres. Les façons, les manières qu'on acquiert dans le monde, sont toujours le fruit de l'imitation. Lorsqu'on veut faire l'éducation d'un enfant, on cherche à développer chez lui l'instinct d'imitation qui prend alors la forme plus noble de l'émulation. Le théâtre qui est comme la base et le pivot d'une société policée n'est guère fondé que sur le besoin d'imiter. On imite les gestes de ses aïeux, les actes de ses contemporains, on imite les travers et les ridicules des gens, on va jusqu'à la singerie, jusqu'à la grimace grotesque, propres au singe et à la guenon. De là aussi, les minauderies, les simagrées des femmes, les petites moues, la démarche empruntée, le sautillement, les petites intonations de voix, les cris de terreur simulée de nos cocedettes, qui ne se doutent pas qu'elles ne sont en cela que les imitatrices fidèles des guenons auxquelles elles n'aimeraient sans doute pas à être comparées (1). Chez les enfants aussi cet instinct, on le sait, est porté jusqu'à l'excès. Il arrive quelquefois à des enfants ou à des malades d'imiter des mouvements et des contorsions ridicules, même sans s'en douter, par des actes involontaires et maladifs. Des tics, des manies bizarres en sont parfois le résultat.

Pourtant, si l'abus de l'imitation conduit aux conséquences les plus ridicules et les plus piteuses, bien dirigé et conduit par l'intelligence, il devient la base des

1. I have heard of your painting too, well enough. God had given you one face and you make yourselves another ; you jig, you amble and you lisp, and nick-name God's creatures and make your wantonness, your ignorance. Shakspeare, *Hamlet* act. III, sc. 1.

actes héroïques, des plus grandes actions de l'humanité.

Le 21 mars 1859, le baleinier américain le *Joseph Scheffer* commandé par M. John Stewart de Baltimore, aborda sur la côte de Gabon, habitée par des gorilles. Les matelots descendirent à terre pour faire du bois et se disposaient à faire des fagots de lentisque et de tamarin, lorsqu'ils découvrirent à peu de distance du rivage d'immenses quantités de bois amoncelées en meules hautes de 10 à 12 mètres. Les gens de l'équipage s'empressaient de profiter de cette bonne aubaine lorsqu'ils furent surpris par une troupe de cent à cent cinquante gorilles de la plus haute taille, armés de bâtons, qui s'avancèrent sur eux en hurlant et en grimaçant, ce qui les força à se réfugier au plus vite dans le bateau, d'où ils firent sottement une décharge de mousqueterie sur les gorilles, dont elle redoubla la fureur; et ils commencèrent alors à envoyer une grêle d'énormes pierres sur le navire en blessant un homme d'équipe qui eut le crâne fracturé. Comme de temps en temps des navires relâchaient sur la côte de Gabon pour s'approvisionner d'eau et de bois, les gorilles les avaient observés et avaient appris à faire des fagots aussi bien que les marins, seulement ils étaient mesurés à leur force herculéenne, à leur taille gigantesque et jamais un Européen n'eût été capable de soulever un pareil fardeau.

Les singes, surtout les singes supérieurs, ont aussi le don d'apprendre très-vite, de même que certains enfants intelligents. Comme eux, ils apprennent plus vite en les prenant par la douceur que si on se met à les rudoyer, ce qui les rend nerveux et maussades. Un homme qui avait pour métier d'apprivoiser des singes (1), racontait que lorsqu'ils n'apprenaient pas assez vite et qu'il employait les mauvais traitements, ces animaux se mettaient de mauvaise humeur et n'apprenaient plus rien.

Ainsi pour ré umer le parallèle entre l'homme et le singe, surtout les espèces supérieures, telles que le gorille, l'orang-outang et le chimpansé, nous pouvons dire qu'au physique, la conformation et l'habit du corps se rapprochent tellement (2) qu'on peut facilement expliquer par des modifications héréditaires longtemps prolongées les quelques différences qu'on y rencontre. Que quant à la conformation et à la dimension du crâne et du cerveau, l'un et l'autre diffèrent grandement, mais ils diffèrent tout autant entre les diverses races humaines. Ainsi que nous l'avons vu, il y a plus de distance entre un crâne d'homme de la race caucasienne et un crâne de la race polynésienne et même de la race nègre qu'il n'y en a entre ces derniers et les singes supérieurs tels que l'orang-outang, le gorille, le chimpansé et même le jocko et le mandril, etc. Qu'entre ces singes supérieurs et les lémuriens, les makis, les singes cynocéphales les plus bas placés dans l'échelle animale, il y a une différence tout aussi considérable dans la grandeur du crâne et le développement du cerveau. Nous avons vu aussi que dans les récentes découvertes géologiques, le crâne d'homme trouvé dans la vallée du Néander près de Dusseldorf semble se rapprocher beaucoup de celui des singes.

1. Le gardien du *Zoological garden* à Londres.
2. Voir la planche III.

Ainsi nous tenons la filière qui rattache l'homme aux mammifères supérieurs. Bien des anneaux font encore défaut, mais aussi la science veille attentive ; elle retrouve toujours des liens plus étroits, et il n'y a jamais de prescription avec elle. Quant au résultat de la conformation du cerveau, aux qualités morales, nous avons trouvé en germe dans les singes, les mêmes tendances, les mêmes qualités, les mêmes vices que chez l'homme. Chez les autres animaux que nous avons passés en revue, nous avons essayé de garder la gradation, suivant laquelle se développent les qualités et les vices qui les rapprochent de l'homme. Nous avons trouvé l'instinct qui est en raison directe de l'intelligence, quoi qu'en dise Cuvier, qui est l'intelligence elle-même au plus bas degré et à l'origine de l'espèce animale. L'instinct n'est autre chose qu'une habitude acquise peu à peu et devenue héréditaire. Cet instinct qui se transforme en finesse, en activité, en ruse pour se défendre, en adresse pour la construction des habitations des fourmis, des nids des oiseaux, des maisons des castors, se transforme aussi en amour paternel et maternel, en tendresse, en reconnaissance, s'humanise, en un mot, de même que l'humanité souvent redevient bestiale dans les révolutions, dans les guerres, dans les famines. Nous avons rencontré le progrès individuel, car l'animal mûr est plus adroit, plus expérimenté que le jeune. Nous avons aussi trouvé le progrès général des espèces, à travers les générations par la loi de la sélection. Nous avons vu les animaux vivant en famille, s'aimant, se caressant, jouant entre eux. Nous avons vu dans le chant de certains oiseaux, dans la grimace de certains singes, le commencement du rire, de l'ironie

de la minauderie, de la coquetterie, des ruses et des artifices, des caprices de nos femmes modernes. Nous allons
voir maintenant ce qui cons-
titue la véritable différence entre
l'homme et les animaux supérieurs, et qui a mis, à la longue,
la race humaine en puissance et
en développement intellectuel,
infiniment au-dessus même des
animaux les plus intelligents et lui a donné peu à peu sur
la terre cette supériorité qu'elle ne gardera sans doute pas
toujours (1).

1. D'après les découvertes récentes, les diverses conformations,
les diverses aptitudes de plusieurs races de singes semblent répondre dans une certaine mesure aux différences d'aptitudes des
diverses races humaines, de façon qu'on a pu croire que chacune
des grandes divisions de l'humanité était descendue d'une espèce
particulière de singes. (Voir le *Voyage de la Novare*, partie anthro-
pologique, compte-rendu par MM. Scherzer et Schwartz.)

Les singes actuels, par exemple, se distinguent en catharrhins et
en platyrrhins. Les catarrhins sont de beaucoup les plus rares, ils
n'habitent que l'Asie et il n'y en a pas en Amérique. On peut supposer que le nègre descend d'une race de platyrrhins tandis que le
blanc viendrait en ligne directe d'un catarrhin très-rapproché
semble-t-il du *Semnopithecus nasica* (voir la figure ci-contre.)

CHAPITRE VIII

LES MAMMIFÈRES (suite). — L'HOMME.

L'homme civilisé. — Distance qui existe entre les diverses races humaines. — Retours périodiques vers l'état primitif. — Grandeur de l'homme. — Véritable source de la morale. — Bassesse de l'homme. — Le langage constitue la vraie différence entre l'homme et les animaux. — Différence entre l'aphonie et l'aphasie. — Immense importance du langage articulé. — Idées du temps et de l'espace. — Erreur fondamentale de Kant. — Différences d'expression dans le langage des animaux. — Idées qui semblent provenir exclusivement du langage. — Sentiment religieux. — Efforts de l'humanité pour arriver à la parole. — Origine du langage. —M. Renan. — Résumé.

Si l'on considère l'humanité arrivée au plus haut degré de son développement et si l'on parcourt la distance immense qui la sépare de son origine primitive, on trouve un abîme, qu'on est tenté de croire infranchissable. Athènes, Rome, l'Italie de la Renaissance, l'Angleterre d'Élisabeth et de Shakspeare, la France de Voltaire et de Geoffroy Saint-Hilaire, l'Allemagne de Gœthe, de Humboldt paraissent placés à une distance incommensurable de la race simienne. Et pourtant, si l'on considère les diverses races humaines prises en elles-mêmes, ne voyons-nous pas une distance qui nous paraît tout aussi immense entre les races supérieu..s, indo-germanique, caucasienne, sémitique et la race polynésienne, les Iroquois, les Hottentots, les Esquimaux, les sauvages de l'Amérique du sud, les Peaux-rouges et même les nègres et les Chinois ! La différence ici est partout : dans la conformation du crâne qui est beaucoup plus développé chez l'Européen, dans la couleur de la peau, dans la taille et dans le système pileux, mais surtout dans ce qui tient à l'intelligence, dans la civilisation. Mais si nous prenons un peuple déjà policé, arrivé au sommet de la civilisation, ne voyons-nous pas de temps en temps par des causes souvent inexplicables à nos yeux, ce même peuple par un retour incompréhensible, rebrousser chemin, revenir sur ses pas et retourner à l'état bestial, voire même se mettre au-dessous de la brute ! Qui de nous n'a assisté à ces cruels spectacles ! Qui de nous n'a vu les citoyens d'une même patrie, les fils d'une même terre, se déchirer mutuellement, plonger leurs mains dans le sang fraternel, s'efforcer de s'entre-détruire ou, poussés par une rage bestiale, incendier et tâcher d'anéantir les chefs-d'œuvre de l'art, les marques triomphales du génie humain ! Ou bien, émettant des théories sauvages de haine, sans raison ni pitié, on les a vus se faire une guerre impitoyable par les armes, par la prison, par les proscriptions et par l'échafaud. Et n'a-t-on pas vu aussi des peuples déjà placés au sommet du progrès et du savoir, se ruer les uns sur les autres par des guerres insensées, menaçant par là, l'existence même de toute civilisation !

Combien, au milieu de ces luttes affreuses, ont su résister à l'entraînement général, regarder les choses d'un œil calme et serein ? Combien ont gardé leur sang-froid ? Com-

bien ont osé dire la vérité à leurs concitoyens ; et, au milieu de la barbarie renaissante ont su garder encore les
dehors et les apparences d'êtres civilisés? C'est un petit
nombre sans doute, mais petit aussi est le nombre de ceux
qu'on peut appeler vraiment les chefs de file de la civilisation qui se transmettent d'une génération à l'autre le
flambeau de la vie intellectuelle :

Et quasi cursores, vitai lampada tradunt.

Le reste n'est qu'une multitude non affranchie par l'intelligence et qui trempe encore de toutes ses racines dans
le monde purement animal qui forme, en quelque sorte, la
charpente grossière et le substratum de l'humanité. C'est
dans ce sens que l'on peut dire vraiment :

Paucis vivit humanum genus.

Oui, l'homme vraiment affranchi par l'intelligence,
l'homme vraiment maître de lui-même et délivré des préjugés d'un autre âge, qui sait dompter ses passions, qui
sait voir toute chose d'un œil imperturbable et pacifié, celui
qui par la possession de lui-même, par le développement
de la raison, est arrivé, comme dit Spinoza, à conquérir le
libre arbitre (1), celui-là surpasse de bien loin son origine

1. Le libre arbitre dans un sens élevé ne saurait être que l'affran-
chissement des passions par la raison et par la sagesse, comme le
dit Spinoza, (voir *Ethices pars IV. De servitute humana*), ou comme
nous dirions, la pleine possession de soi-même, qu'on n'acquiert
que par des efforts constants, puissamment aidés par l'éducation et
par le développement héréditaire.

Quant à l'opinion vulgaire qui consiste à croire que le libre
arbitre est le pouvoir de faire *tout ce qu'on veut* ou pour parler
plus correctement, de vouloir sans cause déterminante et d'agir

8

et met un abîme entre lui et ses premiers ayeux. Tel n'est
pas celui qui, en proie à la haine, aux sentiments de révolte, est toujours prêt à tremper ses mains dans le sang
de ses frères, ou qui est plongé dans l'ignorance et dans les
superstitions d'un autre âge. Tel n'est pas celui qui insulte
à la science, qui voudrait la proscrire au nom d'idées préconçues et arriérées ou dans l'intérêt prétendu d'un ordre
moral qui n'existe que dans sa cervelle, d'une morale ima-
ginée par lui. La véritable source de la morale ne saurait
exister que parallèlement au développement de la science,
dont la culture et l'étude ne doivent être guidés que par
l'amour désintéressé du vrai et doivent avoir une liberté
sans bornes.

« Chose admirable que l'homme, a dit Sophocle. On le
voit traverser les mers en bravant les vagues blanchissantes
d'écume que soulève le tempétueux autan. La terre, cette
déesse formidable, éternellement jeune, éternellement fé-
conde, il la laboure, il la retourne tous les ans avec la charrue en y attelant des chevaux. Il prend les oiseaux aux ébats
joyeux, au moyen de filets habilement tendus, il chasse les
animaux sauvages: même dans les mers, il sait trouver sa
proie en tendant ses rets aux poissons qui les habitent; il
s'empare par son adresse des bêtes fauves qui errent
dans les forêts, il dompte les chevaux sauvages, il attelle
au joug les taureaux des montagnes. Il apprend à se
servir de la parole, il civilise ses mœurs, il cultive son

sans motifs, nous n'avons pas besoin de dire que c'est la plus
grossière erreur; c'est juste le contraire du libre arbitre. Agir sans
motifs serait le fait d'un fou si le fou lui-même n'avait pas des
motifs pathologiques pour agir.

intelligence, il sait se mettre à l'abri de la tourmente qui règne dans les sommets et de la fureur des orages. Plein de prévoyance, rien ne le surprend; il est prêt à tout. Une seule chose qu'il n'a pas appris à éviter, c'est la mort (1).»

« Quel chef-d'œuvre que l'homme, dit Shakspeare. Quelle est noble la raison qu'il possède, que ses facultés sont infinies! Qu'il est admirable dans sa forme, dans ses mouvements! Par ses actes, il se rend l'égal des anges; par son intelligence, il est un dieu. Il résume en lui la beauté de l'univers; il est le type des animaux (2). »

Voyons maintenant la contre-partie de ces éloges de l'homme arrivé au sommet de la civilisation. Si nous laissons de côté l'Européen, l'homme policé, et que nous prenions indifféremment une tribu, une race quelconque de sauvages, que voyons-nous? Consultons les voyageurs les plus célèbres, les historiens; écoutons les missionnaires. Prenons les sauvages en état de guerre: « Parmi les Iroquois, dit Robertson, la phrase par laquelle ils expriment leur résolution de faire la guerre à un ennemi est celle-ci: « Allons manger ces gens là. » Lorsqu'ils sollicitent l'aide d'un voisin, ils l'invitent à boire du bouillon fait avec la chair de leurs ennemis. Si un corps de guerriers entre dans un pays, il se partage généralement en bandes de trente ou quarante individus; et le chef leur dit à chacun: « A vous de dévorer ce hameau; à vous de

1. Chœur d'Antigone.
2. What a piece of work is man! How noble in reason! How infinite in faculties! In form and moving, how express and admirable! In action, how like an angel! In apprehension, how like a God! The beauty of the world, the paragon of animals. *Hamlet*, act. II, sc. 2.

dévorer ce village. » Ces expressions sont restées chez
certaines tribus, même lorsque l'usage du cannibalisme a
cessé (1). »

Voyons maintenant la vie du sauvage lorsqu'il est en
paix : « Les huttes des sauvages de l'Amérique du sud, dit
Cook, qui doivent donner asile à des familles entières, où
vivent entassées de huit cents à mille personnes sont tellement petites, étouffées et misérables, sans fenêtres et avec
des portes si basses qu'on est forcé de ramper et de s'age-
nouiller pour y pénétrer. Une seule de ces maisons a quelquefois donné asile à plus de huit cents personnes qui y
mangeaient, y restaient assises et y couchaient. Tous les
voyageurs s'accordent sur l'aspect repoussant de ces habitations et la malpropreté hideuse de leurs habitants. Le
capitaine Cook nous les peint (2) couverts de vermine
qu'ils mangent, au fur et à mesure qu'ils l'attrappent, et
parle de ces habitations dans les termes du plus profond
dégoût. La Peyrouse assure que ces cabanes sont tellement
sales, que leur puanteur dépasse de bien loin celle qui
existe dans la demeure de n'importe quel animal connu (3).

Veut-on maintenant une esquisse de leurs mœurs :

1. Robertson et lettres édifiantes cités par Malthus dans son
Essay on population, chap IV.

2. Cook, *Third voyage*, vol. II, p. 305.

3. Cité par Malthus, chap. IV, p. 24. Une ruche est d'une structure incomparablement plus ingénieuse que la cabane d'un Huron,
a dit Fontenelle.

D'ailleurs parmi les sauvages, il en est qui sont par leur conformation même au-dessous de n'importe quel singe. Qui ne se souvient des Aztèques, malheureux avortons qu'on peut à peine appeler des hommes, affligés qu'ils sont, à la fois, de microcéphalie et
de prognathisme, et qui appartiennent pourtant à la race humaine !

« Dans ces parties de l'Amérique, dit Robertson, où par
des circonstances particulières ou par des améliorations
successives, la rudesse de la vie sauvage se fait moins sentir, les passions sexuelles deviennent plus ardentes. Chez
quelques tribus logées le long des rivières bien pourvues
de poisson ou dans des endroits qui abondent en gibier ou
dont l'agriculture a progressé, les femmes sont très-appré-
ciées et recherchées; et presqu'aucun frein n'est imposé à
la satisfaction brutale de la passion sexuelle, de sorte que
le dévergondage des mœurs et l'indécence des gestes de
ces peuplades sont quelquefois excessifs (1). La polygamie
est générale chez ces tribus (2). »

En réponse à l'objection théologique qui consiste à dire
qu'il n'est pas de la dignité de l'homme de descendre du
singe : « Pour ma part, dit Darwin, je serais plus flatté de
descendre de ce babouin qui revint sur ses pas pour sauver
le petit singe qui allait être dévoré par les chiens ou de ce
jeune singe qui sauva la vie à son gardien, que du sauvage
qui torture avec délices ses ennemis, fait des sacrifices sanglants et pratique l'infanticide (3).

En effet, l'infanticide, le meurtre, la polygamie et la po-
lyandrie, le vol et le pillage sont généralement pratiqués
et ont été pratiqués de tout temps par les sauvages (4). Le
sauvage est toujours et partout sale, lâche (5), dissolu et

1. Robertson, liv. IV p. 71, cité par Malthus.
2. Ibid.
3. *Descent of man*, p. 404, vol. II.
4. Voir aussi sir J. Lubbock. *Origin of civilisation and Prehis-
toric times.*
5. La lâcheté est générale chez toutes les races, tant d'hommes
que d'animaux qui se sentent faibles, du moins relativement, car

trompeur. Il tend des piéges à son ennemi comme à une
bête fauve, il est anthropophage et d'une cruauté raffinée,
tandis que chez les animaux nous avons vu souvent les familles, les tribus, les espèces s'entr'aider mutuellement,
les jeunes nourrissant les vieux devenus impotents, et
montrant la compassion et la tendresse.

Pour ce qui est de l'esthétique, nous savons que le sauvage a des goûts d'ornementation qui nous paraissent des
plus étranges. Il se peint le visage, il se tatoue tout le
corps, il se fait des trous dans les narines ou dans les ailes
du nez pour y passer des bagues, des anneaux, des brace-
lets; il porte d'étranges toupets en forme de tresse ou de
queue enroulée ou de tout autre façon la plus bizarre. De
même nos femmes d'Europe se peignent, se maquillent, se
teignent les cheveux en blond, en rouge, en noir, se far-
dent, se poudrent et se griment, se peignent en noir le des-
sous du cil inférieur, se mettent des nattes, des chignons
et des crêpés. La femme, on le voit, se rapproche toujours
plus de l'état sauvage.

Dans toutes les races sauvages, et même parmi les nègres, l'habitude fait qu'on préfère la femme de sa propre
couleur; et l'on sait que les noirs se représentent le diable
comme blanc. Lorsqu'ils se convertissent au Christianisme,
les anges, les saints et les élus sont toujours noirs : les
mauvais génies, les démons, les damnés sont tous blancs.
Il y a pourtant des exceptions nombreuses; mais en tenant compte de l'ensemble des faits, on peut conclure cette
notion générale, à savoir : que *l'étalon ou le critérium de la*

le courage, à proprement parler, n'est autre chose que la *conscience
de sa force.*

beauté est absolument arbitraire. La beauté proprement
dite et qui rallie l'acquiescement le plus général ne peut
être que la *splendeur de la force*; et de même que Platon
a dit que le beau est la splendeur du vrai, de même on peut
dire que chez la femme surtout, la beauté n'est que la
splendeur de la santé, j'entends d'une santé bien équili-
brée et sans pléthore. Le reste est affaire d'habitude, d'é-
ducation et d'hérédité. Les uns aimeront la femme glabre
et blonde; d'autres l'aimeront brune avec des lèvres velues,
un soupçon de moustache. Les nègres trouveront la peau
huileuse de la négresse délicate et appétissante, tandis que
nous la trouvons horrible. Quelques raffinés parmi les nègres aimeront la femme blanche, de même que quelques
excentriques parmi nous pourront aimer la négresse.

Quant à la supériorité de l'homme sur la femme, elle tient
au même principe que la supériorité du mâle chez presque
tous les animaux. Nous avons vu que le développement
du poil est généralement parallèle à celui du système mus-
culaire(1).

Nous venons de donner quelques échantillons des mœurs
sauvages, mais les peuples civilisés eux-mêmes que devien-
nent-ils dans des époques de troubles, de guerre civile, de
calamités publiques, de révolution ! On n'a qu'à ouvrir
Thucydide pour voir ce que devenait dans ces cas-là, le
peuple le plus avancé de l'Antiquité, celui d'Athènes et des
principales villes de la Grèce.

« De grandes calamités, dit-il, engendrées par la sédi-
tion fondaient sur les villes (de la Grèce). Elles sont tou-

1. Voir chap. VII, p. 102, .

jours arrivées, elles arriveront toujours, tant que la nature
humaine sera la même ; mais dans la paix et dans l'abondance des richesses, l'esprit des citoyens est plus équilibré,
car ils ne sont pas sous l'étreinte de la nécessité; mais la
guerre qui enlève les choses les plus nécessaires à la vie
de tous les jours, transforme en même temps le caractère
du plus grand nombre et lui donne comme un reflet de la
situation.........Les noms mêmes des choses dans ces temps-
là, sont changés arbitrairement et détournés de leur sens
habituel. L'audace inconsidérée est appelée sympathie vi-
goureuse pour les amis, la pondération réfléchie n'est que
de l'apathie déguisée, la modération est appelée manque
de virilité et la prudence paresse et mauvais vouloir. La
colère et la folie deviennent des vertus civiques. Il suffit
d'être furibond pour qu'on ajoute foi à vos paroles ; et si
l'on fait mine de s'opposer au torrent, on devient suspect.
Enfin on ne porte aux nues que ceux qui sont les plus
prompts à faire du mal......... Ceux qui sont au pouvoir
prodiguent les supplices et les peines, non point par amour
de la justice, mais ne pensant qu'à leur intérêt, à leur propre convenance. Quant à ces citoyens qui tiennent le milieu entre les deux camps, ils sont également mal vus des
uns et des autres (1). »

« L'anarchie s'étant ainsi emparée de la ville, la nature
humaine se révéla ce qu'elle est, ce qu'elle a toujours
été, impatiente de tout joug, ennemie de toute supériorité
morale, foulant aux pieds sans scrupule, toute espèce de
justice et de loi (2). »

1. *Historiæ.*, lib. III, 82,
2. Ibid. 84.

Ces paroles de l'historien grec paraissent s'appliquer si bien au temps présent, aux scènes sanglantes qui se sont passées sous nos yeux dans ces dernières années, que nous jugeons inutile de les commenter et de nous y appesantir davantage. Il y a donc, soit chez le sauvage, soit chez l'homme civilisé des états et des retours qui révèlent la nature bestiale de notre origine. L'histoire n'est qu'un tissu de crimes. Ceux qui y ont cherché un but général divin ou philosophique ont perdu leur peine. *L'histoire n'est que l'expression de la grande loi de la lutte pour l'existence,* appliquée à l'humanité (1).

Mais qu'est-ce qui fait donc que l'homme, tout en restant par certains côtés si semblable aux animaux, leur est si supérieur par d'autres? Comment de cette manière d'être primitive, de cette vie horriblement sauvage que nous avons rencontrées chez les cannibales de l'Amérique du Sud, de l'Australie, peut-il s'élever à la civilisation où nous le voyons parfois atteindre, à la sublime et exquise finesse de sentiment qu'on rencontre parfois, quoique rarement, il est vrai, chez les êtres supérieurs?

Le langage, voilà véritablement ce qui nous sépare des autres animaux, ce qui constitue notre supériorité réelle. Le langage ne consiste pas dans l'émission des sons, et c'est là ce qui nous distingue de la plupart des mammifères,

1. « Der Zweck des Menschengeschlechts, dit Schiller, sei schlechhterdings verborgen, weil sein Endzweck dem des Universums untergeordnet ist, der Zweck des Theiles aber nur aus dem Ganzen heraus erkannt werden kann. Da aber der Zweck des Universums uns verhüllt ist, so ist die Harmonie, die Vernunft, die wir in die Geschichte hineinlegen, nur in unserem Kopfe ; das Geschlecht entwickelt sich nach der Gesetzen der Nothwendigkeit. »

des primates qui ont aussi les cordes vocales, qui peuvent émettre des sons, mais qui n'ont pas encore appris à les coordonner par la pensée. Ils peuvent aller jusqu'à la plus sublime musique, ils ne peuvent pas aller jusqu'à la pensée réfléchie. Toutes les idées complexes qui proviennent du langage font défaut, par conséquent, aux animaux. L'appareil de phonation nous est aussi nécessaire qu'à eux, nous avons les poumons, le larynx, le pharynx, la glotte, le muscle aryténoïde, le corps thyréoïde, le cartilage cricoïde, mais c'est le cerveau qui, au moyen des nerfs moteurs, fait remuer les muscles qui dirigent cet appareil. La puissance du langage procède directement du cerveau. Elle s'est développée lentement et augmentée par l'hérédité comme toutes nos autres facultés. Ce qui le prouve c'est non-seulement l'anatomie, mais la pathologie. On distingue, en effet, l'aphonie de l'aphasie. Lorsque l'appareil phonétique est affecté, c'est parfois l'aphonie qui survient; les cordes vocales ne fonctionnant pas, on perd le pouvoir de se faire entendre. Mais lorsque certaines parties du cerveau sont atteintes, il y a aphasie. Dans plusieurs cas d'hémiplégie, dans presque toutes les apoplexies, l'aphasie est un des premiers symptômes (1). La parole de l'homme est donc dans les nerfs du cerveau. De même que ceux de nos autres facultés, les nerfs qui font jouer les organes du langage semblent avoir leur siége dans les corps quadrijumeaux. Tous les nerfs transmettant les sensations, en effet, ont leur siége les uns à côté des autres dans les corps quadrijumeaux, et particulièrement dans la couche opti-

1. Voir la *Revue des Deux-Mondes* n° du 15 juillet 1874. De l'aphasie par le docteur Charles Richet.

que, tandis que les nerfs transmettant du cerveau aux membres les volitions semblent avoir pour siége le corps strié (1). C'est là, ce qui faisait l'erreur de Montaigne, lorsqu'il assimilait le langage des animaux à celui de l'homme.

Ce n'est pas que les cris des animaux ne soient pas soumis aux nerfs moteurs qui ont leur siége dans le cerveau, mais ils ne sont pas coordonnés, ils n'ont pas été développés par l'exercice, par l'éducation héréditaire (2).

La possession du langage place l'homme immédiatement fort au-dessus de la brute. Même les langues des peuples les plus sauvages et les plus primitifs, les langues sans flexions, lui donnent néanmoins une grande supériorité sur les animaux qui n'en ont pas du tout, qui ne peuvent avoir que difficilement des idées complexes et réfléchies. Certes, il est malaisé de déterminer jusqu'à quel point s'étendent les pensées réfléchies des animaux, en quoi, au juste, elles diffèrent de celles de l'homme et où commence le divorce, mais enfin l'on voit par les résultats, qu'il y a une différence immense et profonde. En un mot, il faut compter que la parole est devenue par hérédité et à la longue, essentielle à la pensée chez l'homme, qu'elle est non-seulement la forme de la pensée, mais qu'on peut dire qu'elle est la pensée elle-même, car l'homme dépourvu de la parole retombe immédiatement au-dessous de la brute (3). Dans le

1. *Le cerveau et ses fonctions* par J. Luys 1re partie chap. IV et V.
2. Ceci est tellement vrai que chaque langage a une place à part dans le cerveau et on a vu dans des cas d'amnestie, le patient oublier une langue étrangère et non pas la langue maternelle. On dirait que les deux langues sont comme dans des couches superposées du cerveau.
3. Die Sprache hat die Vernunft erschaffen, vor ihr war der Mensch vernunftloss. (Laz. Geiger *Ursprung der Sprache* s. 141.)

cas d'aphasie, dont parle le docteur Richet, l'individu pensait encore après avoir perdu la parole, mais il avait parlé; et d'ailleurs son aphasie était passagère ; mais qu'on prenne l'idiot qui est au-dessous de la brute : Souvent, et dans les cas les plus graves, il sera entièrement privé de la parole ; dans d'autres cas plus légers, il aura de la peine à parler ou bien sa parole sera embarrassée ; il bégayera, il bredouillera, il aura presque toujours enfin, quelque grave défaut de langue.

On voit toutefois les sourds-muets atteindre un développement extraordinaire de l'intelligence, arriver à faire à peu près tout ce que nous voyons faire à l'homme ordinaire, écrire, jouer à tous les jeux, se livrer à tous les exercices. C'est au moyen d'une éducation appropriée qu'on parvient à ces résultats en leur enseignant un alphabet particulier, figuré, qui correspond à certains signes. Lorsque l'empêchement à la parole provient d'une cause toute locale, lorsque les parties importantes du cerveau ne sont pas atteintes, l'individu, s'il est d'ailleurs intelligent, se trouve, pour tout apprendre, dans des conditions moins défavorables et dans un milieu plus propice qu'un animal, dont la conformation, le penchant héréditaire, tout enfin, s'oppose à ce qu'il puisse se livrer à des exercices qui sont l'apanage exclusif de l'homme, créés par son éducation, par ses besoins particuliers et qui n'ont pas de valeur pour l'animal, auquel ils ne sont d'aucune utilité. Lire et écrire sont des choses qui n'ont de raison d'être que dans une société déjà arrivée à un certain degré de civilisation. Et néanmoins, nous voyons des animaux arriver de même que les sourds-muets, à marquer les coups et à compter à leur manière. On a vu un éléphant compter jusqu'à 100, tandis qu'il y a des sauvages qui ne savent pas compter jusqu'à 4. En somme, on peut dire que les animaux peuvent arriver dans certaines choses qui sont le domaine exclusif de l'humanité, au même degré d'intelligence que les sourds-muets; et de plus, non-seulement ils entendent certains mots, mais encore ils les comprennent et se conforment immédiatement aux injonctions qui leur sont données par la voie de la parole.

L'idée du temps et de l'espace est commune aux hommes et aux animaux. Nous avons vu le chien supputer le temps, calculer l'heure à laquelle doit arriver son maître, le chat transporté dans un sac, dans un lieu où il n'avait jamais été, retrouver son logement primitif, mais combien ces idées ne sont-elles pas plus développées chez l'homme ! Ici qu'il me soit permis de signaler une erreur qui, malgré tout le respect et la déférence que nous devons à ce grand penseur, nous paraît fondamentale dans le système de Kant. Il regarde en effet les idées du temps et de l'espace comme des catégories de l'esprit humain. C'est là une supposition purement arbitraire. Nous venons de voir que l'idée de temps et d'espace existe aussi chez les animaux. Elle existe d'autant plus précise que l'animal est plus développé. Dans les races humaines les idées de temps et d'espace se précisent de plus en plus, à mesure que la nation est plus civilisée : c'est au sein de la civilisation même que se cultivent la chronologie, la géographie ; et plus la civilisation est avancée, plus ces sciences gagnent en exactitude et en profondeur. Les idées de temps et d'espace naissent donc obscurément au milieu de l'organisme, se développent avec

la conscience du moi, grandissent et se précisent à mesure
que les races se perfectionnent par la sélection et par
l'hérédité et prennent dans l'homme, dans son cerveau, la
place la plus importante, en devenant par le développement
héréditaire, la base en quelque sorte de la pensée humaine.
C'est ainsi que le système d'évolution bien compris et bien
expliqué nous donne barre sur l'ancienne philosophie, et
nous fait franchir avec assurance la limite des catégories que
Kant avait posée à l'esprit humain (1).

Au reste, à bien comprendre Kant, et pour qui sait lire
entre les lignes, cette doctrine des catégories de l'esprit,
cette subjectivité des idées de temps et d'espace ne paraît
être pour lui qu'une manière de démontrer l'insuffisance
et l'insubsistance de toute metaphysique. Au surplus cette
prétendue impuissance de l'esprit humain de sortir de
l'idéalisme ne l'a pas empêché, lui, de franchir le fameux
pont et il a écrit le traité de la *Raison pratique* et son ma-
gnifique ouvrage de cosmologie et d'astronomie où il a
précédé et égalé Laplace qui l'a copié sans le connaître,
et où il a été en même temps le précurseur de Lamarck et
de Darwin (2).

Quant aux autres modifications du cerveau qui s'appellent
passions, affections, idées qui existent en nous, elles
existent aussi chez les animaux. Les animaux ont aussi un
langage et savent se faire entendre entre eux; et leurs cris
et leur manière de s'exprimer diffèrent, suivant les im-

1. Pour la démonstration du développement héréditaire des idées
de temps et d'espace, voir aussi Herbert Spencer : *Principles of
psichology* vol. II chap. XIV et XV.
2. Algemeine Geschichte und Theorie des Himmels.

pressions diverses qui les affectent. Ainsi lorsqu'ils se
livrent aux ébats amoureux et à la joie et lorsqu'ils sont
sous le coup d'une impression pénible, ils ont des expressions et des accents de voix qui diffèrent complétement.

> At cum jam latrant et vocibus omnia complent
> At catulos blando cum linguâ lambere tentant
> Aut ubi eos jactant pedibus morsuque petentes,
> Suspensis teneros imitantur dentibus haustus ;
> Longe alio pacto gannitu vocis adulant
> Et cum deserti banbantur in œdibus et cum
> Plorantes fugiunt, summisso corpore, plagas (1).

C'est donc dans les nuances que consiste la grande différence. Grâce à la puissance du langage, l'homme peut
nuancer sa pensée à l'infini ; et les nuances sont tout pour
la science, pour le développement de la pensée. Le langage
se dégageant pour ainsi dire du cerveau par les nerfs,
par les muscles qu'il fait agir, crée, transforme la pensée
et la façonne, la pétrit, en quelque sorte, après l'avoir fait
passer par une infinité d'états divers, de gradations et de
demi-teintes qui en constituent pour ainsi dire la trame,
tout en la modifiant sans cesse et en la transformant à vue
d'œil à mesure qu'elle s'exprime.

Il s'ensuit de là, que la pensée affecte une forme de plus
en plus complexe ; et les idées qu'on dit exclusives à
l'homme prennent leur naissance. Les idées générales,
l'écriture, toute espèce de science ou de littérature seraient
impossibles sans le langage articulé ; et parmi les races
humaines même, bien des peuples, tout en ayant un langage,
en sont dépourvus. L'idée de justice elle même est, dit-on,

1. De Rer. nat. lib. V, v. 1065-72.

inaccessible à la moitié du genre humain ; elle est étrangère à la femme (1).

Il y a aussi le sentiment religieux que M. Quatrefages, tout en constatant comme nous la grande affinité entre les facultés humaines et celles des autres animaux, regarde néanmoins comme un distinctif de l'espèce humaine.

« Il est d'autres questions, dit-il, se rattachant généralement les unes aux autres et que l'on retrouve dans les sociétés humaines, même les plus restreintes et les plus dégradées. Partout on croit à un monde autre que celui qui nous entoure, à certains êtres mystérieux qu'on doit redouter ou vénérer, à une existence future qui attend une partie de notre être après la destruction du corps. En d'autres termes, la notion de la divinité et celle d'une autre vie sont aussi généralement répandues que celles du bien et du mal. Quelque vagues qu'elles soient parfois, elles n'en enfantent pas moins un certain nombre de faits significatifs. C'est à elles que se rattachent une foule de coutumes, de pratiques signalées par les voyageurs et qui chez les tribus les plus barbares sont les équivalents bien modestes des grandes manifestations de même nature dues aux peuples civilisés. »

« Jamais chez un animal quelconque on n'a rien constaté de semblable ni même d'analogue. Nous trouverons dans l'existence de ces notions générales un..... caractère du règne humain et nous désignerons par le mot de religiosité

1. Proudhon, *de la Justice* dans la Révolution et dans l'Église, tome III, p. 366-67 de la 1re édition. Paris 1858.
Cette idée de justice nous l'avons pourtant vue à l'état rudimentaire chez les cigognes ; (Voir p. 81)

la faculté ou l'ensemble des facultés auxquelles il les
doit (1). »

Cependant, outre qu'il n'est pas vrai que ces notions
soient aussi généralement répandues chez tous les peuples
que le dit M. Quatrefages (2), cette assertion qui semble
juste au premier abord ne supporte pas un moment
l'examen si l'on considère combien est arbitraire et complexe la définition du sentiment religieux.

Il faut distinguer et envisager ce sentiment sous deux
faces. Toute religion a pour principe la crainte superstitieuse de l'inconnu qu'on appelle surnaturel. *Primus in
orbe deos fecit timor*, a-t-on dit. Faible et sans ressource
contre l'infini mystérieux qui l'écrase, l'individu quel qu'il
soit éprouve une terreur secrète devant le déchaînement
des grandes puissances, des forces aveugles et fatales de la
nature. L'animal, le sauvage, l'homme civilisé lui-même
ressentent une crainte instinctive en présence de tout
objet inconnu. On voit les chevaux, les chiens, les enfants
éprouver des frayeurs soudaines, inexplicables. A cette
frayeur, à ces craintes, se joint un besoin instinctif de pro-
tection, un besoin d'implorer plus haut et plus fort que
soi. C'est ce qui explique en partie la reconnaissance du
chien pour son maître, de l'enfant pour son père, c'est de
là que provient la crainte superstitieuse d'un être inconnu
et tout-puissant qui devient tantôt sous une forme, tantôt
sous une autre, le fétiche ou l'idole des religions primitives,
et plus tard le créateur, le modérateur de l'univers (3).

1. Cité par Vogt, *Leçons sur l'homme.* p. 303.
2. Voir Lubbock. *Origin of civilization,*
3. Volney, *Les Ruines* chap. V et passim.

Un poëte italien, Leopardi, a bien rendu ce besoin dans
une de ses odes (1), où s'adressant à la nature il dit qu'il
voudrait qu'elle fût :

Pietosa no ma spettatrice almeno,

sinon compatissante, du moins spectatrice de nos luttes, de
nos souffrances. C'est là déjà l'idée de l'homme plus raf-
finé, mais, dans le principe, ce sentiment n'est autre chose
que l'expression de la crainte.

Mais si l'on prend les religions déjà formées, celles de
l'homme civilisé, la chose change complétement d'aspect
Il s'y mêle de tout autres sentiments plus nobles, plus
élevés. Elles peuvent se décomposer, se résoudre en un
grand nombre d'éléments ; à la crainte, à la terreur superstitieuse, à l'aveugle croyance au surnaturel, il se mêle un
sentiment supérieur de justice, de charité, les idées
morales proprement dites. Prenons, par exemple, la religion
du Christ, ouvrons les évangiles : qu'y voyons-nous ? d'un
côté des idées sublimes de justice, de charité, de
bonté, exprimées noblement, pareilles à celles qui sont ren-
fermées dans le discours sur la montagne et dans plusieurs
paraboles, où l'élément poétique s'allie à une très-saine
morale, à des actes héroïques de sacrifice accomplis noblement, tels que ceux que nous retrace l'histoire de la
passion : d'un autre côté des histoires comme celle des
cochons emmenés par le diable et qui se jettent dans la
mer, celle du figuier séché parce qu'il ne portait pas de
fruits, lorsque ce n'était pas la saison des figues.

1. *La Primavera.*

L'on voit par là, de combien d'éléments se compose le sentiment religieux. Une partie nous est commune avec les animaux, les enfants et les sauvages et une autre partie n'appartient qu'à des êtres civilisés, raffinés, et rentre dans le développement dû à la faculté du langage et d'un langage très-perfectionné : cette grande et spécieuse distinction du *règne humain* que voudrait établir M. Quatrefages, analysée à la lumière de la science se réduit donc à rien ou à bien peu de chose.

On a dit aussi que l'ennui était un sentiment exclusivement humain. Lucrèce, Pascal, Byron, Leopardi insistent sur cette idée :

« L'ennui, dit Leopardi, est, en quelque sorte, le plus noble des sentiments humains : ..... Ne pouvoir être satisfait par aucune chose terrestre ni pour ainsi dire par la terre entière, considérer la grandeur incommensurable de l'espace, le nombre et l'immensité des mondes et trouver que tout est petit et insuffisant à la capacité de notre âme ; s'imaginer ces mêmes mondes et cet univers comme infini et sentir que nos aspirations seraient encore plus vastes que tout l'univers, constater l'insuffisance et le néant de toute chose et éprouver un sentiment de vide et partant d'ennui ; c'est là, semble-t-il, la plus grande marque de grandeur et de noblesse qui existe dans l'âme humaine (1). »

Pascal, ce sceptique dévot, constate aussi chez l'homme cet immense ennui qui le dévore ; il en voit une preuve dans le besoin constant de distraction, de *divertissement*, qui le ronge.

1. *Pensées* LXVIII.

« On charge les hommes dès l'enfance, dit-il, du soin de
leur honneur, de leur bien, de leurs amis. On les accable
d'affaires, de l'apprentissage des langues et des sciences,
et on leur fait entendre qu'ils ne sauraient être heureux
sans que leur honneur, leur santé et celle de leurs amis
soient en bon état et qu'une seule chose qui manque les ren-
drait malheureux. Ainsi on leur donne des charges et des
affaires qui les font tracasser dès la pointe du jour. Voilà,
direz-vous, une étrange manière de les rendre heureux !
Que pourrait-on faire de mieux pour les rendre malheureux ? Comment ce qu'on pourrait faire ! Il ne faudrait que
leur ôter tous ces soins, car alors ils se verraient, ils pen-
seraient à ce qu'ils sont, d'où ils viennent et où ils vont, et
ainsi on ne peut trop les occuper et les détourner ; c'est
pourquoi après leur avoir préparé tant d'affaires, s'ils ont
quelque temps de relâche on leur conseille de l'employer
à se divertir, à jouer et à s'occuper toujours tout entier (1). »

. . . .

« Le roi est environné de gens qui ne songent qu'à divertir le roi et l'empêchent de penser à lui, car il est malheureux tout roi qu'il est s'il y pense (2). »

Lucrèce fait la même remarque, il dit :

> Exit saepe foras magnis ex ædibus ille
> Esse domi quem pertæsum est, subitoque revertit
> Quippe domi nihilo melius qui sentiat esse.
> Currit agens mannos ad villam hic precipitanter,

1. Edit. d'Ernest Havet, Paris 1852. *Pensées*, art. IV.
2. Ibid.

Auxilium tectis quasi ferre ardentibus instans,
Oscitat extemplo tetigit cum limina villæ,
Aut abit in somnum gravis et oblivia quærit,
Aut etiam properans, urbem petit atque revisit.
Hoc se quisque modo fugit, at quem silicet ut fit
Effugere aut potis est, ingratis hæret et angit (1).

Il est certain pourtant que tous les animaux s'ennuient dans l'attente, dans le désir inassouvi, dans l'inaction. Ils le montrent assez dans l'expression de leur visage, dans leurs traits contractés, témoin le chien, dont parle Darwin, qui prenait l'air le plus piteux du monde lorsqu'on le menait à la serre-chaude, au lieu de le mener à la promenade (2). Le langage seul leur manque pour exprimer leur ennui, mais ils l'expriment par leur figure maussade, par leur abattement. Dans l'absence du maître aimé, lorsqu'on les enferme ou qu'on les attache, les animaux prennent la mine la plus ennuyée. Ils ne souffrent pas pourtant. Plus ils sont développés, plus ils sont complexes, plus ils s'ennuient. L'homme s'ennuie par-dessus tous les autres animaux, parce qu'il est de tous le plus complexe, parce que son esprit et sa pensée atteignent le plus grand développement, aiguisés qu'ils sont par la parole. Il est indubitablement vrai que plus l'homme possède de choses, plus ses désirs sont assouvis et plus l'ennui et le dégoût l'envahissent. Plus l'on se raffine et plus l'on est malheureux. Plus on vise à la perfection et plus les déceptions nous viennent en foule, plus la disproportion s'accroît entre le

1. De Rer. nat. III 1060-67.
2. *Expression of emotion etc.* p. 57, chap. II.

monde extérieur et les désirs de l'homme. Ses désirs sont
infinis, c'est-à-dire illimités et sans but :

..., Malgré moi l'infini me tourmente,

a dit le poëte,

> Je n'y saurais songer sans crainte et sans espoir.
> Et quoi qu'on en ait dit, ma raison s'épouvante
> De ne pas le comprendre et pourtant de le voir (1).

C'est là son plus grand tourment ainsi que son plus
grand espoir, car cette aspiration, dit-on, est le signe certain d'une destinée supérieure. Hélas ! mais si l'homme
souffre, les animaux ne souffrent pas moins; ils souffrent
tous plus ou moins suivant la plus ou moins grande
complexité de leur organisme. Ils témoignent leur souffrance de mille manières, seulement ils n'ont pas la parole
ou la poésie à leur service pour en transmettre les accents
à la postérité. Nul être n'est heureux et l'univers tout
entier est un lieu de supplice. Ce besoin, ce désir de l'infini exprimé par l'homme n'est que le fruit de sa souffrance
actuelle, le cri de douleur produit par les imperfections de
son être, par ses limites, par le travail incomplet de la
nature, il n'est que le résultat de l'inquiétude de son cerveau et de ses nerfs.

Qu'on considère maintenant les siècles infinis qui ont
dû s'écouler pour que de l'âge purement animal, simien,
on ait pu arriver, non pas même aux langues à flexion et
phonétiques, non pas même au langage articulé, mais à
l'onomatopée la plus simple. Qu'on juge la série d'efforts

---

1. Alfred de Musset. Poësies nouvelles. *L'espoir en Dieu.*

sans nombre et sans fruit qu'a dû faire la pauvre humanité
avant d'arriver à s'entendre ! A un âge bien plus avancé la
tour de Babel peut être un symbole d'un pareil état.

Lucrèce avec son génie poétique semble entrevoir et
nous décrit d'une manière saisissante cet état de l'homme
abandonné à lui-même, seul, sans alliés dans les autres
races animales, livré sans défense aux forces aveugles et
sourdes de la nature, aux puissances meurtrières de l'univers, aux éléments déchaînés contre lui.

> Tum porro puer ut saevis projectus ab undis
> Navita, nudus humi jacet, infans, indigus omni
> Vitai auxilio, cum prius in luminis oras,
> Nixibus ex alvo matris natura profudit :
> Vagituque locum lugubri complet ut aequum est
> Cui tantum in vita restet (1) subire malorum

Et plus tard lorsqu'il peint l'homme arrivé à l'âge adulte,
quel admirable tableau !

> Necdum res igni scibant tractare nec uti
> Pellibus et spoliis corpus vestire ferarum,
> Sed nemora atque cavos montes sylvasque colebant
> Et frutices inter condebant squalida membra,
> Verbera ventorum vitare imbresque coacti.
> Nec commune bonum poterant spectare, nec ullis
> Moribus inter se scibant nec legibus uti :
> Quod cuique obtulerat predæ fortuna ferebat
> Sponte sua sibi quisque valere et vivere doctus
> Et Venus in sylvis jungebat corpora amantum (2).

On dirait que dans ces vers l'âge de pierre et l'homme
quaternaire sont pressentis. Le poëte peint enfin ces êtres

1. Lib. V, p. 222-27.
2. Ibid. 953-63.

de transition, ces monstres et ces avortons peu durables
que la science moderne entrevoit comme les ancêtres des
races actuelles, pauvres jouets de la nature, existences
d'un jour frêles et misérables, pouvant à peine se main-
tenir en vie, tant ils étaient gênés par leur conformation
imparfaite.

Indupedita suis fatalibus omnia vinclis !

Leurs débris subsistent à peine dans les profondeurs des
couches géologiques, et ils sont livrés maintenant à un
éternel oubli; mais ils furent nécessaires aussi à leur jour,
à leur heure, à l'enfantement des races futures.

Ici se présente un problème qui semble insoluble et sur
lequel nous ne nous permettrons d'exprimer que les idées
les plus générales. Ce problème est celui de l'origine du
langage. Pour nous, la question si abstruse, si difficile, qui
se présente à notre esprit, ne peut se résoudre que par
l'immensité de temps, le temps infini, en quelque sorte,
qui a dû s'écouler depuis le premier cri fauve, même jusqu'à l'onomatopée et de l'onomatopée jusqu'au langage
articulé. Que de siècles il a fallu pour que ce pouvoir rude,
informe, se soit soumis à des lois et ait peu à peu trans-
formé la substance cérébrale, au point d'en rendre la faculté héréditaire et distinctive de la race (1)!

Pourtant le comment, le pourquoi, les tenants et les
aboutissants nous restent cachés dans l'ombre et y reste-
ront probablement toujours: On peut dire en thèse générale que c'est l'essor des passions qui a développé le lan-

---

1. μέροπες ανθρωποι a dit Homère.

gage, et les besoins devenus de plus en plus nombreux
et complexes lui ont donné la forme.

C'est encore Lucrèce que nous allons citer :

At varios linguæ sonitus Natura subegit
Mittere et utilitas expressit nomina rerum,
Non alia longe ratione atque ipsa videtur
Protrahere ad gestum pueros infantia linguæ,
Cum facit ut digito quæ sunt præsentia monstrent.
Sentit enim vim quisque suam quam possit abuti ;
Cornua nata prius vitulo quam frontibus extent
Illis iratus petit atque infensus inurget (1).
etc. . . . .

La philologie moderne a à peine osé aborder le problème de l'origine du langage. Bopp, Pott, Alexandre de
Humboldt, Schlegel, Grimm, Max Müller, Bunsen, Burnouf,
sont entrés, en quelque sorte, *in medias res;* et leurs admirables découvertes ne concernent que la filiation des
langues et se rapportent à une époque où elles étaient
déjà arrivées à un très-haut degré de perfectionnement ;
mais la question des origines ne peut s'entrevoir qu'à la lumière de la théorie de l'évolution, elle ne peut prendre pour
base que la conception d'une époque infinie qui se déroule
et se perd dans un lointain sans bornes. Lorsqu'on fixait
la date de l'humanité à six ou sept mille ans, on ne pouvait pas avoir la plus faible idée du vrai mode de progrès
et de développement du langage. L'on tombait alors dans
des erreurs comme celle de Condillac et de tout le dix-
huitième siècle, de la création réfléchie et artificielle du
langage, qui est comme si on disait qu'on a tiré des coups

1. Lib. V, p. 1028-36.

de fusil avant d'avoir des fusils, ou bien alors on avait recours à l'intervention surnaturelle de M. de Bonald et de Joseph de Maistre, sur laquelle nous n'avons même pas besoin de nous arrêter.

Ce qui nous étonne, c'est qu'un grand penseur de ce temps-ci, M. Renan, soit tombé dans la même erreur qui consiste à croire que le langage, de même que l'humanité, semblerait-il, sont nés armés de toute pièce et sont sortis comme Minerve du cerveau de Jupiter presque subitement. De cette idée de la création spontanée du langage à l'hypothèse théologique, il n'y a qu'un pas. Voici comment s'exprime M. Renan :

« La seule chose qui me paraît incontestable, c'est que l'invention du langage ne fut pas le résultat d'un long tâtonnement, mais d'une intuition primitive qui révéla à chaque race la coupe générale de son discours et le grand compromis qu'elle dut prendre une fois pour toutes avec sa pensée (1). »

Et plus loin, voulant réfuter les vues de M. de Bunsen qui avait pressenti la rénovation de la science philologique par les doctrines transformistes, il dit :

« Comment expliquer cette frappante homogénéité qui fait que l'hébreu, le phénicien, le chaldéen, le syriaque, l'arabe, l'éthiopien, semblent coulés dans le même moule ; que les rameaux si nombreux de la famille indo-européenne ont d'un bout du monde à l'autre le même fond de racines et, en un sens très-véritable, la même grammaire ? Par une seule hypothèse, je veux dire, en admettant que

1. De l'origine du langage, préface, p. 20.

ces deux systêmes de langues soient arrivés à leur complet développement, avant l'époque où la famille s'est scindée. Combien peu de latitude cette condition laisse à l'élaboration du langage !..... Des siècles, que dis-je? des milliers d'années seraient nécessaires pour expliquer les évolutions que MM. Bunsen et Max Müller supposent à l'origine du langage (1). » Et plus loin (2) il ajoute « que les langues ont dû être constituées une fois pour toutes, dès le principe. » A vrai dire, cette hypothèse se comprend à peine ; et l'on s'étonne que le même écrivain qui montre avec tant de raison l'impossibilité d'une formation artificielle et de convention des langues puisse admettre un seul instant la formation spontanée et immédiate d'un seul idiome, qui dépasserait de bien loin en merveilleux, la création spontanée d'un ovule. Un pareil phénomène ne pourrait même pas se penser.

L'erreur de M. Renan consiste à prendre pour un âge primitif de l'humanité une époque qui était déjà postérieure à plusieurs civilisations arrivées à leur apogée et disparues ensuite et à regarder comme de bon aloi l'opinion alors reçue sur l'origine récente du genre humain, à ne pas tenir compte de l'immensité des siècles qui ont dû s'écouler, avant que l'humanité arrivât, non pas même à ce degré de civilisation qui permit l'essor des races indogermanique et sémitique, mais encore aux évolutions nécessaires pour arriver au langage sans flexion de plusieurs races de sauvages. Par combien de phases a dû passer l'hu-

1. Ibid., p. 46.
2. Ibid., p. 115-116.

manité avant d'atteindre celle qui est retracée par M. Renan ! En outre, M. Renan semble regarder comme deux choses différentes la pensée et le langage, comme si on pouvait sérieusement faire une distinction entre deux fonctions également engendrées dans le cerveau, également dépendantes de l'état de celui-ci et qui se tiennent tellement que détruire l'une c'est faire disparaître l'autre ou la rendre du moins méconnaissable.

Nous sommes persuadé que ce grand penseur a dû modifier sa manière de voir à l'heure qu'il est : le travail auquel nous avons fait allusion date d'une vingtaine d'années ; et depuis lors, les découvertes qui ont été faites sur l'antiquité des couches géologiques (1) et sur l'époque glaciaire par Lyell, sur les transformations successives des espèces par Darwin, sur les modifications introduites par l'hérédité dans les tissus mêmes, enfin les découvertes récentes de monuments irrécusables d'un âge de pierre et d'un âge de bronze perdus dans les détritus des couches pléistocènes, ont changé incontestablement et heureusement le point de vue et le terrain de la science. (2)

S'il nous était permis de remonter idéalement à l'époque où l'homme luttait avec la nature pour obtenir les choses les plus essentielles, et par toute sorte de tentatives impuissantes d'abord, puis plus habiles, arrivait à une sorte d'onomatopée (3) et si l'on savait dans quelle mesure,

1. Lyell, *Antiquity of man*, passim.
2. Quand nous écrivions ces lignes, M. Renan n'avait pas encore publié ses *Dialogues philosophiques* qui justifient pleinement notre conjecture.
3. Ce qui prouve surtout que tout langage a pour base première l'onomatopée, ce sont les radicaux dans toutes les langues. Un ra-

par des gestes et par l'esprit d'imitation inné en lui, il développa et féconda peu à peu ce terrain et arriva à former d'abord des langues sans flexion, que de périodes immenses de la nature notre œil embrasserait! L'on peut supposer néanmoins que l'instinct d'imitation commun à tous les animaux et qui est d'autant plus développé que l'animal gagne en facultés, en perfection, en pouvoir et les modifications successives introduites par l'hérédité ont abrégé pour lui cette période, et que de même que pour les forces mécaniques, il y a eu un *crescendo,* un *motus in fine velocior* qui dans les derniers temps a agi avec plus de puissance. Et néanmoins, que d'efforts et que de tâtonnements, et qu'elle est petite relativement au développement général de l'humanité cette période qu'on appelle historique et dans laquelle se placent les langues, dont on connaît la filière et les mouvements, celles dont la formation laisse encore des traces visibles !

Dans l'étude du langage comme dans toutes les grandes conquêtes de l'esprit humain, il arrive que chaque découverte est confirmée par d'autres faits souvent d'un autre ordre et qui lui semblent étrangers; mais il n'en est rien. Tout se tient; et ce qui a eu lieu pour les découvertes de Copernic, de Galilée, de Kepler, de Newton, se renouvelle aujourd'hui pour la génération des êtres. De même qu'on a trouvé dans l'ontogénie une contre-épreuve et un auxiliaire de la phylogénie, voici venir maintenant la philologie à la rescousse et nous montrer la gradation constante qui

dical n'est autre chose qu'un cri onomatopique exprimant approximativement l'action principale, d'où sont issus tous les dérivés. Lubbock en donne une nomenclature pour plusieurs langues, notamment pour l'anglais. (Voir *Origin of civilization,* chap. IX)

est la marche même de la nature dans le langage. En effet, de même que les mammifères actuels paraissent tous provenir de races intermédiaires et caduques qui n'existent plus aujourd'hui, de même dans la formation des langues, la nature semble avoir employé le même procédé; et les idiomes actuellement existants semblent être les fils d'une autre langue parlée primitivement par l'humanité et mère de toutes les autres, qui elle-même a disparu à jamais, frappée de caducité comme ces êtres de transition qui ont engendré les races présentes (1).

Nous suivrons maintenant de plus près ce mouvement d'évolution et de transformation constante et nous essayerons de montrer par quel procédé ce progrès si lent et cette transformation complète de l'humanité ont pu s'effectuer.

1. Voir Haeckel, *Die Anthropogénie*, s, XV.

CHAPITRE IX

COUP D'ŒIL RÉTROSPECTIF ET RÉSUMÉ.

Résumé des chapitres précédents. — Développement graduel de la vie et de l'âme. — La double conscience. — Influence du milieu. — Adaptation au milieu. — Lutte pour l'existence. — Loi d'hérédité. — Atavisme ou retour au type primitif. — Tératologie. — Sélection. — Survivance des plus forts et des mieux armés. — Progrès relatif. — Changements nécessaires de notre planète et causes du progrès. — Loi de l'exercice. — Organes rudimentaires. — Les hermaphrodites. — Effet de ces lois combinées. — Critique de la théorie de Malthus. — Parallélisme de l'éducation de l'homme et des animaux. — Exemples. — Pouvoir extraordinaire d'accommodation de l'œil. — Acclimatation. — Le temps et l'espace sont les facteurs les plus importants dans la nature.

Nous avons parcouru un espace immense ; nous avons suivi autant que possible la filiation des êtres, depuis la première cellule, jusqu'à l'organisme le plus développé et le plus complexe. Nous avons vu, tour à tour, les êtres s'élever et se transformer en passant à travers les diverses phases de l'existence. Nous avons vu la vie elle-même naître obscurément et partiellement, très-bas dans l'échelle des êtres, dans la monère et dans le polype, s'enrichir et se compléter peu à peu par des transformations successives. Nous l'avons vue répandue à flots dans la nature existant à l'état latent même dans ce que nous appelons la

matière brute (1), à tel point qu'il serait difficile de dire
où s'arrête la vie et où commence la mort, d'établir une
ligne de démarcation entre le royaume des vivants et le
royaume des morts. Le mort saisit le vif dans la nature.
Une âme inconsciente encore se rencontre depuis l'être le
plus informe et le plus incomplet jusqu'au plus perfec-
tionné. Depuis le minéral, depuis le corps albuminoïde le
plus simple, nous avons vu des rudiments de volonté,
d'activité, de sélection croître et grandir dans l'univers.

De même, l'âme se développe peu à peu chez le nou-
veau-né qui au sortir du ventre de la mère en est en
quelque sorte dépourvu: elle grandit ou plutôt elle se
forme graduellement chez l'enfant qui dans le premier âge
se trouve dans un état de dépendance, d'impuissance et de
faiblesse qui le rendent inférieur aux autres animaux (2).

De la plante de la monère, du polype, du zoophyte, du
protozoaire, nous sommes passés par des anneaux successifs à l'invertébré. Nous avons montré la filière qui unit
l'invertébré au vertébré par l'annélide qui donne naissance
au vertébré d'une part, de l'autre à l'articulé, à l'insecte (3): puis nous avons considéré la grande famille des

1. Chap. II et III.
2. Hellwald, *Die Culturgeschichte*, p. 570. Que devient devant cette
gradation évidente l ancienne doctrine de l'unité du moi que les anciens
psychologues donnaient pour preuve de son indestructibilité? Mais
le moi est composé de pièces et de morceaux comme le reste,
comme les morceaux s'emboîtant les uns dans les autres qui
forment le corps d'un annélide. Il s'est formé peu à peu et est
devenu ce qu'il est aujourd'hui par la sélection et l'hérédité. Il
peut se dédoubler, se décomposer et se désagréger comme le
prouvent les cas de double conscience. (Voir Littré. *Essais de philosophie positive*.)
3. Haeckel. *Die Anthropogenie*, s. XV et passim.

vertébrés, nous avons vu la vie dans ses diverses manifestations, depuis celle du serpent le plus fragile (1) jusqu'au
plus élevé des primates. Nous avons vu non-seulement la
vie, mais l'intelligence se développer et s'accroître, prenant toujours des formes nouvelles, à mesure que l'espèce
s'enrichissait et devenait plus complexe. Nous avons
montré que l'instinct n'est que l'intelligence en puissance,
et que contrairement à l'opinion généralement reçue et
partagée même par Cuvier, plus l'animal a d'instinct et
plus il a d'intelligence, que d'ailleurs la limite qui sépa-
rerait l'instinct de l'intelligence est impossible à définir, à
moins que ce ne soit d'une façon purement fictive et arbitraire, que ce n'est en somme qu'une question de degré.

1. Chez les vertébrés, la vie est déjà concentrée dans le cerveau,
néanmoins on sait qu'une grenouille décapitée conserve assez de
sentiment pour essayer d'enlever avec une de ses pattes l'acide
azotique qu'on lui verse sur l'autre et pour marcher jusqu'au coin
de la pièce où elle se trouve : cette expérience cruelle n'a été faite
que trop souvent.
De même la vie peut être suspendue ainsi que nous l'avons vu
déjà chez le rotifère et le tardigrade. Chez les animaux hibernants
et qui sont transis par le froid, tels que les tortues, les marmottes,
les loirs etc., elle est suspendue pour trois ou quatre mois pendant
lesquels l'animal ne respire plus. Or il paraît que l'homme lui-
même peut par des efforts et par une sorte d'habitude arriver à ce
résultat. Les dormeurs de l'Inde peuvent, dit-on, passer des mois
dans une sorte de léthargie, où ils cessent de respirer. C'est en
s'abstenant volontairement de respirer ; c'est-à-dire en retenant
de toutes leurs forces leur haleine le plus longtemps possible,
qu'ils finissent par tomber en syncope et peuvent ainsi passer des
mois sans nourriture. Curieux exemple (si le fait est vrai) de retour
à l'animalité pure ! (Voir M. C. Paul. *A treatise on the Goga philo-
sophy*). Dans certaines maladies, il y a tendance à la cessation de
la respiration, sans que pour cela la mort s'ensuive immédiatement.
(Voir Proudhon, *Correspondance*, XIV vol. p. 73-74.)

Nous avons vu l'animal s'élever, peu à peu, aux plus hautes qualités, aux plus hautes facultés intellectuelles. Bonté, affection, enthousiasme, dévouement, ruse, sens esthétique, tout se trouve chez l'animal. Nous avons vu le chien fidèle à son maître, l'oiseau et même le papillon sensible au sentiment de l'esthétique et choisissant le plus beau mâle ou la plus belle femelle, le sentiment de l'harmonie développé chez presque tous les oiseaux, la famille et la société soumises à des lois chez les abeilles et les fourmis, les constructions les plus ingénieuses essayées par les animaux, depuis les nids des oiseaux, les habitations des fourmis jusqu'aux magnifiques demeures, aux étonnantes digues construites par le castor. Chez eux comme chez nous, nous voyons des sentiments d'ambition, de noble émulation, de même que nous saisissons les marques les plus expressives de la confusion, de l'humiliation (1) ; c'est le sens moral, en un mot, qui commence à se révéler dans l'animal.

L'instinct d'imitation développe, peu à peu, les facultés

1. Chez les animaux de la race canine et féline, la queue basse, la tête enfoncée dans les épaules sont des signes certains de mortification et de repentir. Un chien surpris en volant des aliments sait qu'il a manqué ; il a l'air tout confus, une mine piteuse, il semble vous demander pardon.

Le vulgaire dira : ce sont les coups qu'il craint ; mais cela est faux. J'ai élevé un chien sans coups ; rien que certaines inflexions de voix suffisaient à lui montrer qu'il avait mal fait. « Le chien, « dit M. Renan, aime l'humanité ; il en sent la supériorité et il « est fier de participer à un monde supérieur. *Dialogues et fragments philosophiques.* Paris 1876 p. 36.

Mais dira-t-on: c'est là un instinct peut-être héréditaire. C'est aussi notre avis, car chez les animaux aussi bien que chez l'homme, le sens moral ne peut s'acquérir que par ces deux facteurs : l'hérédité et l'éducation.

intellectuelles de l'animal et fait qu'il s'approprie, à la fin, les choses qu'il a imitées longuement. Nous avons vu que tous les animaux, depuis les reptiles, ont des gestes expressifs, des jeux de physionomie en quelque sorte, et une tendance, un effort puissant vers le langage, vers la parole, qui ne devient complète que chez l'homme, se développant lentement et par degrés et passant par toutes les phases de l'onomatopée, par les langues monosyllabiques et sans flexion qui sont encore l'apanage de plusieurs races sauvages ou à moitié civilisées, jusqu'aux langues phonétiques et complexes des peuples indo-germaniques, caucasiens et sémitiques. Nous avons trouvé que cette grande faculté du langage est celle qui constitue la plus importante différence entre l'homme et les autres animaux, que c'est par elle qu'il s'élève parfois aux sommets de l'intelligence, de la poésie sublime ; c'est par elle qu'il propage la civilisation à travers le monde, les sciences, les arts, les lettres, les religions, le sentiment de la justice et du beau moral. C'est par là qu'il prospère et qu'il domine la terre. Les animaux ont en puissance, toutes les facultés que l'homme développe dans des nuances infinies et pousse au plus haut degré par la parole : μέροπες ανθρωποι, a dit Homère avec la lucidité de l'enfance : c'est là, en effet, la faculté capitale et qui caractérise l'humanité. C'est par la parole seulement qu'on peut nuancer la pensée et lui donner des gradations et des demi-teintes infinies ; et c'est cette gradation, ce sont ces demi-teintes qui donnent à l'intelligence humaine tout son relief, aux sciences leur essor, à la poésie sa grâce, aux affections mêmes et aux sentiments les plus intimes, leur charme et leur enchantement. Si l'homme

est le roi de la création, il le doit, nous l'avons vu, au langage, au langage multiplié à l'infini par l'imprimerie.
L'invention de la vapeur, du télégraphe eussent été impossibles sans la parole telle qu'elle existe dans les langues
modernes, sans l'imprimerie ; la domination de l'homme,
son pouvoir tiennent à cela. Mais s'il est le roi de la nature, quel roi souvent mesquin et misérable, quel affreux
tyran parfois ! mais le plus souvent surtout, quel roi de
comédie, quel pitoyable monarque !

Vrai roi de comédie, en effet ; car de même que l'acteur
sur les tréteaux, il joue un rôle. Il est roi, prince, riche
financier, gros bourgeois, ouvrier pauvre, vagabond et
scélérat. Tantôt il revêt de magnifiques habits brodés d'or
et de dentelles, surchargés de pierreries et de diamants,
tantôt il est habillé de guenilles, mais de même qu'au
théâtre, à la fin du spectacle, rois, princes et courtisans,
financiers, riches bourgeois et gueux en guenilles jettent
leurs oripeaux, remettent leurs habits souvent crasseux et
râpés pour s'en aller chez eux, de même au baisser du ri-
deau, à la mort qui est la fin de la comédie ou de la tra-
gédie pour tous les hommes, on les dépouille de leurs
couronnes, de leurs tiares, de toute leur défroque pom-
peuse et on les jette tout nus dans une fosse, pêle-mêle,
riches et pauvres, rois et mendiants.

Mais quelles sont les lois qui ont conduit les êtres, de cet
état infime de pure molécule, d'atome, de cellule, d'ovule,
de monère, au plus grand développement qu'on connaisse,
à l'esprit, au cerveau, à l'âme, à l'intelligence, à la volonté,
à la conception du beau moral, aux délicatesses les plus
exquises et les plus complexes dans quelques individus ?

C'est un petit nombre de lois qui a produit cette résultante qui nous semble à nous si extraordinaire, quoique ce ne soit qu'un mouvement dans l'infiniment petit, le tourbillonnement d'une minute produit par le saut d'un moucheron dans l'eau d'un étang ou d'une mare, comme dit Shakspeare (1).

Ces lois primordiales, aussi loin que nous pouvons les connaître, sont :

1° Le pouvoir d'évolution lente, graduelle et successive qu'éprouvent tous les êtres par l'action et l'influence du milieu et par d'autres causes obscures, mais qu'on peut faire rentrer d'une façon indirecte peut-être, dans la loi de l'influence du milieu. Cette influence du milieu est la plus lointaine parmi toutes les lois qui se présentent à notre esprit. C'est l'influence du *tout sur le tout*, de la *summa universa* sur les êtres individuels. Nous ne faisons que l'entrevoir et elle nous échappe de toutes parts, car nous ne pouvons commencer à voir l'univers que dans une synthèse confuse en entrant, dès le principe, *in medias res*. C'est à la fois la série incommensurable des siècles et des mondes qui se déroule devant nos yeux et que nous concevons à peine, que nous entrevoyons comme voilés d'un éternel brouillard, dans les champs infinis du temps et de l'espace (2).

Cette loi de l'influence du milieu suppose une loi plus précise qui est l'adaptation au milieu et que nous sentons et concevons beaucoup plus facilement que l'autre, car nous en voyons partout les traces.

1. Le cardinal Wolsey dans *Henri VIII.*
2. C'est l'écoulement éternel des choses : πάντα ρει, a dit l'Antiquité.

Le milieu étant changé, peu à peu, et changeant sans cesse, modifiant tout autour de lui, les êtres ont dû changer aussi pour s'adapter au nouveau milieu qui leur était fait, afin de pouvoir vivre ; c'est-à-dire de pouvoir par la nourriture s'approprier une partie de la substance et se transformer constamment, car vivre n'est pas autre chose que se modifier incessamment (1). De là le commencement de la lutte pour l'existence où un très-grand nombre d'individus, des races entières ont péri. Les couches superposées de notre planète, les flores et les faunes géologiques sont, nous l'avons vu, autant de témoignages de cette lutte éternelle.

Dans ce combat continuel l'on trouve deux éléments dans lesquels on peut le décomposer et qui se contrebalancent. 1° Le pouvoir d'hérédité qui maintient les espèces et qui fait que les rejetons portent l'empreinte constante du père ou de la mère, souvent des deux à la fois, mais parfois adoptant l'un ou l'autre comme type unique ; parfois rappelant par des traits frappants quelqu'un des ancêtres plus éloignés ; c'est la loi qu'on appelle d'atavisme qui se complète par le retour accidentel au type primitif, autrement dit tératologie (2), ressemblance extraordinaire de certains types animaux à un type primitif ; et cette tendance se retrouve dans toutes les races. C'est là, l'élément de stabilité qui a fait croire à la fixité des espèces, parce qu'on n'a pas pu regarder assez long-

1. Ignorabimus et immutabimur.
2. La tératologie qui est encore dans l'enfance ainsi que la morphologie, vient aussi en aide à l'embryologie et à la biologie. (Voir les ouvrages de Camille Dareste et leur appréciation par Darwin.)

temps ni assez loin, et qui est en effet un élément de conservation, une fois qu'une espèce est bien et dûment cons-
tituée.

2° Ici vient se placer la loi ou pouvoir de sélection qui
est d'abord un des moyens que la nature (1) emploie pour
l'adaptation au milieu. L'individu doit nécessairement pour
persévérer dans l'existence, s'approprier, se créer les éléments qui lui sont nécessaires pour lutter contre les modifications du climat. Cette appropriation, bien entendu,
s'opère d'une façon inconsciente.

Ce pouvoir de sélection conduit à un autre résultat.
Lorsque les races sont bien établies après s'être modifiées
dans le milieu qui leur est propre, *la lutte pour l'existence*
commence entre elles, lutte dans laquelle évidemment les
plus forts et les mieux armés doivent l'emporter et sur-
vivre. De là, une nouvelle sélection qui propage héréditairement les facultés et les attributs des plus forts qui ont
triomphé ou qui ont survécu dans la lutte et qui les transmettent aux générations futures, en donnant aux rejetons
successifs le pouvoir d'attaque et de résistance des mieux
armés et en introduisant ainsi peu à peu, une amélioration
dans les générations successives qu'on appelle le progrès.
Ce progrès incontestable des races, qui a été par quelques

1. Par nature ici je n'entends pas l'univers, le grand Tout aveugle
et inconscient, j'entends les êtres organisés qui commencent à
vivre et dont les premiers mouvements paraissent être déterminés
par le besoin de sélection. Notre langue est si pauvre qu'il faut à
chaque instant déterminer le sens d'un mot et mettre en quelque
sorte les *points sur les i* pour qu'on ne se méprenne pas sur notre
pensée.

　　Propter egestatem linguæ et rerum novitatem,
disait déjà de son temps, Lucrèce.

penseurs regardé comme absolu et infini, est absolument
limité et borné au contraire, entravé qu'il est par deux
causes essentielles.

1° Les changements successifs du milieu qui persistent
sans interruption et finissent, peu à peu, par éliminer toutes
les races, l'une après l'autre. Notre planète, dont les conditions changent continuellement, quoiqu'avec une lenteur
infinie, deviendra par une suite nécessaire de cette loi, im-
propre à donner constamment la vie et à conserver au jour
les êtres organisés ; elle périra elle-même et se dissoudra
dans l'espace, de même que notre système planétaire tout
entier, de même que les mondes infinis qui roulent dans
l'univers, qui doivent, à leur tour, périr et être remplacés
par d'autres :

> The globe itself shall dissolve (1).

2° Le retour vers le type primitif qui arrête à chaque
instant le progrès des espèces et qui tend parfois à prendre
le dessus et à prévaloir entièrement comme dans certaines
races humaines, les nègres, les Hottentots.

3° Une autre loi considérable et des plus importantes est
celle de l'exercice. Le développement des organes par
l'exercice est, parallèlement au besoin de nutrition, une des
lois les plus générales de la nature. Dans l'adaptation au
milieu, beaucoup d'organes doivent nécessairement se
transformer par degrés. Les nouveaux organes formés par
la nécessité se soudent peu à peu et se raffermissent par
l'exercice. L'usage les développe et leur fait acquérir des
proportions de plus en plus considérables, de même on

1. Shakespeare, *The tempest,* act. IV, sc. 7.

voit s'atrophier et disparaître par le manque d'exercice, d'autres organes qui n'ont plus de raison d'être dans le nouveau jeu de l'organisme. Ces organes s'oblitèrent peu à peu et sont expulsés, mais ils conservent encore pendant longtemps une tendance à reparaître sous forme d'organes rudimentaires jusqu'à ce qu'ils soient complétement éliminés de l'organisme par les transformations successives qu'amènent les âges. Enfin disparus complétement, ils se bornent à se montrer dans l'embryon et dans le fœtus pendant les premiers mois de la gestation, avant la naissance de l'individu. Nous avons déjà montré dans un chapitre précédent que l'os intermaxillaire et l'appendice caudal (1) n'existent plus qu'à l'état rudimentaire et dans l'embryon chez l'homme (2) : mais il en existe aussi beaucoup chez l'adulte. Qu'il nous suffise de citer les muscles du lobe de l'oreille qui rendent mobile l'oreille d'un grand nombre de mammifères (3), le bourrelet de chair qui est placé à l'angle interne de l'œil et qui n'est que le rudiment d'une troisième paupière dite membrane clignotante qui existe chez certains poissons et certains reptiles. Bien plus, non-seulement il existe des organes rudimentaires inutiles, mais encore y en a-t-il de nuisibles, comme par exemple le cul-de-sac qui termine le coecum. Qu'un petit os, un noyau de cerise, viennent à s'engager dans cette impasse et l'on sera exposé à une péritonite souvent mortelle comme cela est

1. Chap. IV, p.

2. L'appendice caudal n'existe non plus qu'à l'état rudimentaire chez le gorille et chez l'orang.

3. Il y a pourtant des individus qui jouissent encore de la faculté de remuer ces muscles : les jongleurs en tirent quelquefois parti pour étonner la foule.

déjà arrivé plusieurs fois. Ce cul-de-sac qui n'a pas d'usage pour nous forme une partie importante de l'estomac des mammifères ruminants.

Nous ne devons pas passer sous silence non plus que d'après de récentes découvertes qui confirmeraient l'hypothèse que nous descendons d'êtres hermaphrodites, tels que l'*amphioxus lanceolatus,* on aurait trouvé que chez l'homme le premier appareil générateur serait composé tout simplement d'une glande hermaphrodite, contenant à la fois les rudiments de l'ovule et du testicule dans les deux sexes. Chaque sexe porterait donc le rudiment de l'organe du sexe opposé et cela dans les conditions les plus normales, car je ne veux pas faire allusion ici aux monstruosités qui nous rapprochent des hermaphrodites nos ancêtres. Qu'il nous suffise de savoir que la distinction des sexes elle-même, n'est qu'un résultat du développement et de la complexité d'organes causée peu à peu par la sélection (1).

4° La loi d'hérédité, qui marche parallèlement et conjointement à la loi d'adaptation au milieu et par conséquent à la nourriture et à la loi d'exercice, affermit les transformations successives produites par les autres lois. Elle transmet aux rejetons jusqu'à des variations artificielles causées par des circonstances passagères et même par le bon plaisir de l'homme. Il a été prouvé par exemple que les chiens et les chevaux, à qui l'on a coupé la queue reproduisent souvent des rejetons ayant la queue courte. En accouplant deux individus ayant la queue courte on parvient à avoir une race à courte queue. Bien mieux, des états

1. Voir à ce sujet les travaux de Van Beneden cité par Haeckel, *Die Anthropogenie* , s, XXV.

morbides artificiels se transmettent souvent par hérédité. Une épilepsie donnée artificiellement à un cochon, au moyen, je crois de la strychnine, a été transmise de cette façon. L'alcoolisme même accidentel des parents dans la race humaine se transmet héréditairement aux enfants, de même que bien d'autres maladies contractées accidentellement par les parents (1).

C'est ainsi que la sélection de la nature d'abord, puis la sélection artificielle de l'homme, transforment, peu à peu, les races animales. C'est ainsi que la race humaine se transforme elle-même, non par une sélection délibérée, mais par la sélection naturelle, opérée par les circonstances et activée par la survivance des plus forts. Cette survivance des plus forts, cette lutte pour l'existence est causée, nous l'avons vu, par la grande difficulté de trouver la nourriture qui vient mettre en relief l'autre grande loi, la loi de la re-production de l'espèce qui croît suivant une proportion, pour ainsi dire géométrique, tandis que la production, elle, croît à peine par une progression arithmétique. C'est là la grande loi formulée par Malthus et développée par Stuart Mill, Herbert Spencer et l'école anglaise moderne. La for-mule de Malthus est néanmoins trop étroite ; sa loi se ré-sout en somme dans celle du *struggle for life* formulée par Darwin, Wallace, Herbert Spencer. L'erreur de Malthus a été de regarder comme le résultat d'un prétendu frein im-posé par la nature à la multiplication des espèces, ce qui n'est que le résultat de la lutte pour l'existence et de la survivance des plus forts. Mais quelles que soient les cri-

1. Nous avons déjà vu que bien des maladies se transmettent des animaux à l'homme, notamment la gale, la morve, la diphthérie.

tiques de détail que l'on puisse faire à Malthus, le résultat
est le même : il n'en est pas moins éternellement vrai que
la puissance de reproduction est infinie et les moyens de se
procurer la nourriture excessivement bornés. La nature,
par conséquent, *est toujours en déficit* envers les êtres
qu'elle produit. De là, le déchet immense qu'on voit partout, la déperdition constante des êtres organisés, l'avorte-
ment des graines, des étamines dans les fleurs, la mort précoce d'existences de toute espèce répandues dans la nature
entière, dans la plante, dans l'animal, dans l'homme.
L'univers est jonché de cadavres d'êtres morts avant l'âge.
Partout, comme dit le poëte : *mors immatura vagatur.*
Goethe disait : « Comme mon développement n'est pas
complet ici-bas, la nature me doit un dédommagement
dans une autre vie. » Mais Goethe se trompait : la nature
ne doit rien à personne, elle ne doit que ce qu'elle *peut*
donner. Plus on étudie l'histoire et plus on voit que le fait
culminant de l'humanité, le suprême moteur des grands
événements, des révolutions des peuples n'est autre chose
que la famine.

L'élève des bestiaux, de même que toute l'éducation
humaine, est fondée sur la loi de l'exercice. Les leçons
qu'on fait apprendre par cœur aux élèves pour exercer la
mémoire et développer le cerveau, les heures d'application
auxquelles on les condamne tous les jours, la gymnastique
qui sert à leur développer les membres, à leur donner de
l'agilité et de la grâce, à leur faire perdre des vices de conformation, de mauvaises habitudes du corps héréditaires
et à tâcher de leur en faire acquérir d'autres meilleures ;
tout ce qu'on leur fait apprendre, tout ce qu'on leur en-

seigne, tous les exercices qu'on leur impose, tout cela, dis-
je, part de ce qu'on reconnaît implicitement la grande puissance de ces deux lois combinées : loi de l'hérédité, loi de
l'exercice.

Les cerveaux des paysans et des fils de paysans sont,
généralement parlant, moins puissants, moins développés,
moins susceptibles d'instruction et d'éducation que ceux
des citadins. En revanche, leurs sens, notamment celui de
l'ouïe et celui de la vue, sont beaucoup plus développés à
la campagne. Le fils de l'homme studieux sera généralement disposé à la myopie ; s'il s'applique de bonne heure
à la lecture, à l'écriture, aux travaux fins, cette tendance
augmentera, il deviendra tout à fait myope, c'est-à-dire
voyant bien de près et mal de loin (1). Le fils du paysan
au contraire aura une vue étendue, mais moins propre à
voir les objets de près ; il aura une tendance à la presbytie.
Il est rare et presque inouï de voir un paysan myope, tandis
qu'il y en a beaucoup de presbytes. Les animaux ne sont
jamais myopes, à moins qu'ils ne soient atteints d'une affection du nerf optique, de la rétine ou de l'iris, ou bien
pour cause traumatique, mais il y en a beaucoup de nyctalopes ; ce sont tous ceux qui rôdent dans les ténèbres,
presque tous les animaux de proie, et qui sont forcés de
pourvoir à leur nourriture pendant la nuit ; ils ont alors
les prunelles trèsd-ilatées. Plus l'animal s'apprivoise et
moins il est nyctalope. Le chien domestique, le cheval ne
le sont presque pas. En général ceux qui ont l'oreille pen-
dante, (signe de domestication), ne sont pas nyctalopes. Le

1. L'usage des lunettes augmente la disposition héréditaire à la
myopie, en rétrécissant le champ de la vision.

chat, le loup, le loup-cervier, le lynx des anciens, le renard (canis vulpes) le sont toujours (1). J'ai eu pendant
quelque temps un renard mâle et qui n'a jamais voulu
s'apprivoiser. Son œil était d'un éclat incomparable surtout dans les ténèbres ; et il devait être très-nyctalope.

De tous les organes du corps, celui qui s'adapte le plus
facilement aux divers milieux, c'est l'œil. A toute heure du
jour, à tout moment, on est forcé, par des déplacements
continuels du cristallin, de la rétine, de l'iris, de la cho-
roïde et de tout le globe de l'œil, de lui faire prendre des
positions différentes. Ce pouvoir de déplacement est d'autant plus grand que l'œil est mieux conformé et que la vue
est meilleure. Une erreur assez commune consiste à regarder les yeux des myopes comme plus forts que ceux des
gens qui ont bonne vue, mais les yeux les plus forts sont
toujours les mieux constitués, c'est-à-dire ceux qui ont
assez de mobilité pour s'accommoder facilement à tous les
milieux et qui voient également bien de près et de loin, qui
ont le don de voir par une faible lumière aussi bien que de
supporter sans souffrance l'éclat du jour.

Il s'ensuit de là que la conformation de l'œil est plus ou
moins parfaite et change chez les différents animaux, les
perceptions fournies par le sens de la vue. Presque tous
les mammifères ont l'œil aussi bien conformé, sinon meil-
leur que le nôtre, et c'est là un sujet d'étonnement pour le
naturaliste que la perfection et la diaphanéité extrême de
cet organe, de même que c'est un argument pour le parti-

1. Il y a une race de chiens dans l'Apennin qui paraît tenir encore beaucoup du renard, qui a les oreilles presque droites et une
haine mortelle pour les poules.

san des causes finales, qui y voit l'adaptation la plus complète, l'appropriation la plus exacte des moyens à la fin qui, dans ce cas, est la vision. Mais si l'on considère les échelons infinis qu'a parcourus la nature, et l'immensité de temps et de travail qu'il lui a fallu pour arriver du tentacule de plusieurs mollusques, de l'œil rudimentaire de plusieurs familles d'insectes et de tous les crustacés, chez qui l'œil n'est qu'un corps dur, presque opaque et immobile parce qu'il est dépourvu de systême musculaire, jusqu'à la perfection de celui de certains reptiles, les cheloniens, par exemple, de certains oiseaux de proie, les aigles, les vautours et des mammifères, l'on verra que là aussi, la nature n'a agi que peu à peu et par une évolution graduelle, causée par l'adaptation au milieu et par l'exercice. On peut en dire autant de l'ouïe et des autres sens.

Ainsi tous les organes se transforment par ce pouvoir d'adaptation qui s'applique à tout. L'homme lui-même, l'homme surtout, s'en ressent, et cette faculté se traduit chez lui par cette grande puissance d'acclimatation et d'habitude qui le caractérise. La race humaine couvre presque toute la terre, et presque tout individu a le pouvoir de s'acclimater partout, pourvu qu'il n'ait pas de maladie ni congénitale ni acquise, pourvu surtout qu'il sache ménager les transitions et qu'il s'habitue lentement au nouveau milieu qui l'environne. Le moment de la transition est cruel et dangereux: une fois passé, on ne s'en ressent plus. L'aéronaute qui monte en ballon à des hauteurs vertigineuses, le hardi touriste qui escalade le Mont Blanc, sont sujets à des accidents dangereux, hémorrhagies par les muqueuses, notamment par le nez et par les oreilles, vertiges, palpitations de cœur, paralysie, asphyxie. Et pourtant, il y a des villes habitées par des milliers d'individus en Asie sur le plateau de l'Himalaya (1), en Amérique sur la chaine des Andes, qui sont à la hauteur du Mont Blanc. La loi d'adaptation ou d'acclimatation est donc une des lois les plus actives parmi celles qui régissent les espèces.

Il en est de même pour le moral. L'acclimatation morale s'opère encore plus vite par la même loi qui fait que le mouvement augmente vers la fin : *motus in fine velocior.* C'est pour cela que le séjour dans les prisons des criminels est si corrupteur, et que le régime cellulaire vaut mieux à cet égard. La plus belle nature, vivant dans un milieu malsain, se corrompt et se gàte bientôt, à moins qu'elle ne périsse. Les êtres nobles et vraiment beaux, de même qu'une fleur délicate et frêle, s'étiolent et se flétrissent bientôt dans une atmosphère corrompue. Une nature excessivement raffinée ne saurait vivre dans un milieu indigne d'elle ; et, comme l'hermine, l'âme généreuse et noble meurt de l'atteinte qu'a reçue sa beauté.

Nous avons voulu citer ces quelques faits, au hasard, rien que pour prouver l'importance de ces lois à tous les points de vue. Nous avons résumé et esquissé en quelques traits, les principales lois qui semblent dominer la nature, mais qui sont soumises aux deux grandes catégories primordiales, le temps et l'espace, ces deux grands facteurs de l'univers :

1. La ville de Daba en Asie est à 4,800 m. au-dessus du niveau de la mer : c'est-à-dire à la hauteur du Mont Blanc. (V. P. Bert, *De l'influence de la pression barométrique sur les phénomènes de la vie.*

« Patience et longueur de temps
« Font plus que force ni que rage, »

a dit La Fontaine, l'auteur de tant de dits mémorables et
qui sont d'une vérité générale.

Nous avons vu que les idées de temps et d'espace n'é-
taient pas de pures catégories de l'esprit, comme l'a dit
Kant, mais des produits de l'expérience héréditaire qui se
développent constamment et dont les générations qui se
suivent acquièrent une notion de plus en plus précise. Les
expressions d'éternité, d'infinité, d'univers, ne sont que des
mots ; elles n'indiquent pas des idées claires, appréciables
ni accessibles à l'esprit humain. Elles ont moins de valeur,
moins de portée et aussi moins de grandeur que la pensée
qui se présenterait à l'esprit s'il pouvait se faire une idée
du laps de temps qu'il a fallu pour que toutes les évolutions et les transformations que la science lui montre aient
pu avoir lieu. Tout nombre, quelque immense qu'il soit,
ne ferait que la rapetisser et l'affaiblir ; et il n'y a que l'histoire de la nature écrite à grandes lignes dans les couches
géologiques, dans les faunes et dans les flores antiques et
enfin dans les reliques des premiers âges de l'humanité, qui
puisse lui en donner une vague notion.

Que si de la contemplation de notre planète l'on passe,
en franchissant en quelque sorte l'espace, à la contemplation radieuse de notre système planétaire, du soleil immense qui en est comme le centre, le moteur et le pivot,
qui, lui aussi, subit des phases analogues à celles de la
Terre, se refroidit peu à peu et passe de l'état incandescent
à l'état solide ; si l'on considère que ce soleil lui-même
n'est qu'un point dans l'univers, qu'il se déplace conti-

11

nuellement dans l'espace, qu'il dépend d'autres soleils et d'autres mondes que nous ne connaissons même pas ; si nous pensons enfin à ce nombre incommensurable d'étoiles dont nous ne connaissons et n'apercevons que quelques dizaines de milliers, c'est alors qu'on remonte vraiment, comme le dit le poëte :

> « Au-delà des temps et des âges,
> Au-delà de l'éternité. »

C'est alors vraiment que les mots d'éternité, d'infini, nous paraissent bien petits et bien faibles. Ils sont pour nous comme le vagissement de l'enfance, comme l'expression incomplète d'une langue inexpérimentée qui, lorsqu'elle parle de la nature et de son immensité écrasante, saisie d'une sorte de crainte qui n'est pas sans douceur (1), s'arrête interdite et ne fait plus que balbutier (2).

1. ... Quædam divina voluptas
      Percipit atque horror.... *de Rer. nat.*, lib. III, 28-29.

2. Un poëte italien de notre siècle a exprimé aussi dans de magnifiques vers, notre petitesse vis-à-vis de la nature qui, insouciante de l'homme poursuit son chemin, sans s'occuper des générations, des œuvres et des travaux qu'elle entraîne dans un tourbillon éternel :

> Cosi dell'nomo ignara e dell'etadi
> Ch'ei crede antiche e del seguir che fanno
>   Dapo gl'avi i nipoti
> Sta Natura ognor verde, anzi procede
>   Per si lungo cammino
> Che sembra star ; caggiono i regni intanto,
> Passan genti e linguaggi ; ella nol vede,
> E l'uom d'eternità s'arroga il vanto !
> « C'est ainsi qu'en dépit et de l'homme et des âges,
> Qui lui semblent anciens, en dépit des outrages
> Du temps dans l'univers, jeune éternellement,
> La nature fleurit, marchand d'un pas si lent
> Qu'elle semble immobile ; et dans ses tourbillons
> Emporte à tout jamais les générations,
> Sans s'en inquiéter dans sa course éternelle.
> Et l'homme l'insensé croit sa vie immortelle !

Poesie del Conte, Giacomo Leopardi : *La Ginestra*.

CHAPITRE X

RAPPORTS ENTRE L'HOMME ET LES ANIMAUX.

Manières diverses dont l'humanité envisage les animaux et ses rapports avec eux. — L'Inde. — Croyance des Hindous sur la parenté de l'homme et des animaux. — La Bible. — Pythagore et la métempsycose. — Platon. — Plutarque. — Pères de l'Église. — Origène et Celse. — Idées du moyen âge. — Descartes et son école. — La Fontaine. — Shakspeare. — Devoirs de l'homme envers les animaux. — Sociétés protectrices des animaux. — Vivisection. — Son immoralité. — Résumé et conclusion.

L'humanité a eu conscience de tout temps de sa parenté avec les autres races animales. Toutes ou presque toutes les religions de l'antiquité, de même que les philosophies et les législations se sont ressenties de cette manière de voir. Les religions les plus anciennes en portent la trace, même en dehors du fétichisme, en dehors du culte des animaux comme celui du bœuf Apis chez les Égyptiens ou l'adoration de la grande tortue, symbole de la solidité de la terre dans certaines religions orientales (1).

Chez les Hindous ou assimilait tellement les hommes aux animaux, que la même peine était infligée par les lois, à celui qui tuait un paria ou à celui qui tuait un chien, un

---

1. Dans la religion de Vischnou, Vischnou lui-même se transforme tantôt en tortue, tantôt en taureau, tantôt en sanglier.

chat ou une corneille (1). On sait que les grandes religions de l'Inde, d'où nous avons tiré nos principaux dogmes, trinité, incarnation, personnalité divine, rédemption,
poussaient très-loin le culte des animaux et la mansuétude
envers ces êtres qui ont avec nous tant de points de con-
tact. Certains brahmanes se laissent dévorer par les insectes, les regardant comme des animaux sacrés ou du
moins inviolables. Certains fakirs indiens regardent
comme un crime, de tuer même les animaux les plus nuisibles. La croyance de plusieurs sectes de l'Orient à une
sorte de métempsychose, d'autres superstitions moins
connues de nous, ont engendré ces grands égards envers
les races animales. La croyance à la métempsycose ve-
nant de l'Inde et importée en Grèce par Pythagore, n'est
autre chose en somme que le témoignage exprimé naïve-
ment de la croyance à la communauté d'origine des
animaux et de l'homme. Dans les Rig Vedas, dans les
Pouranas, on voit maintes allusions évidentes à cette
communauté d'origine (2).

La Bible elle-même, quoique ce soit le livre d'une race
moins tendre et souvent moins poétique que les Hindous
affirme ouvertement la communauté d'origine et la simi-
litude de la destinée de l'homme et des animaux : « Unus
est interitus hominis atque jumentorum et aequa utrius-
que conditio. Sicut moritur homo sic et illa moriuntur.
Similiter spirant omnia et nihil habet homo jumento

1. Buckle, *History of civilization in England*, vol. I, p. 70.
2. Le philosophe Anaximandre qui est le premier qui ait mis par
écrit ses idées philosophiques, croyait que l'homme descend des
poissons. Voir Lyell, *Principles of Geology*, chap. II.

amplius, cuncta subjacent vanitati et omnia pergunt ad
unum locum, de terrâ facta sunt et in terram pariter re-
vertentur. *Qui scit si spiritus filiorum Adam ascendat sur-
sum et si spiritus jumentorum descendat deorsum* (1). »
Ainsi dès la plus haute antiquité historique on débattait
déjà ces grandes questions et on les résolvait dans un sens
analogue à celui de la science moderne.

La croyance à cette parenté, à cette affinité a développé aussi, peu à peu et lentement dans l'humanité, des
sentiments de sympathie pour les animaux. Sans compter
l'utilité évidente de plusieurs d'entre eux, le bœuf, l'âne,
le cheval, le chien, le mouton qui sont les serviteurs et en
quelque sorte les amis de l'homme, il y a comme un sentiment de miséricorde envers eux, qui se révèle, dès les
âges antiques, dans l'élite du genre humain. La Bible que
nous citions tout à l'heure, à propos de l'affinité qu'elle
reconnaît entre l'homme et les animaux recommande aussi
la douceur et la clémence envers eux. « Novit justus jumentorum suorum animas : viscera autem impiorum cru-
delia. » Le juste a des égards pour la sensibilité des animaux, mais les entrailles des méchants sont cruelles (2). »
On voit souvent aussi dans la Bible, les animaux de toute
espèce associés à l'homme dans les louanges du Sei-
gneur (3).

Pythagore qui introduisit en Grèce les doctrines de la
métempsycose indienne, s'abstenait, on le sait, de toute
nourriture animale et même de celle de plusieurs végétaux,

1. *Eccl.*, III, 20-22.
2. *Prov.* XII, 10.
3. *Ps.* VIII, 8, CXLVIII, 20, etc.

la fève notamment. Il croyait que les âmes de ses ancêtres y étaient peut-être allées chercher un refuge. Sans
nous appesantir sur de semblables aberrations, sans
même nous occuper du culte tout poétique que les Grecs
professaient pour les cigales (1), nous ne pouvons nous
empêcher de citer un passage de Plutarque qui montre à
quelle source élevée s'inspiraient les hommes d'élite de ce
grand peuple.

Plutarque, après avoir prouvé que les animaux sont
doués tout aussi bien que nous de sensibilité, de raison,
d'amour paternel et maternel contre ces sectes de sophistes
qui dès lors déjà leur refusaient l'intelligence et même
la sensibilité, ajoute ces paroles remarquables :

« Quand on s'amuse, on doit chercher des compagnons
qui partagent le plaisir et la joie qu'on éprouve et non pas
faire ce que font les enfants qui, par manière de plaisan-
terie, jettent des pierres aux grenouilles ; et tandis que ce
n'est pour eux qu'un passe-temps, ils les font mourir pour
tout de bon. S'amuser à la chasse et à la pêche par la vue
des tourments et des tortures que l'on inflige aux animaux,
leur enlever de propos délibéré leur progéniture, les
rendant malheureux et tristes, est une barbarie. Ce n'est
pas une injustice que de se servir des animaux, *mais c'en
est une de les traiter avec cruauté, avec dédain pour leur
souffrance, d'être pour eux sans pitié* (2). »

De telles paroles honorent l'antiquité et contiennent une
leçon qui ne devrait pas être perdue. Elle devrait profiter à
bien des savants qui, dans un but vain et futile ou sous

1. Dans Platon, voir le Philèbe.
2. πότερα τῶν ζώων φρονιμωσερα, τα κερβαια ἤ τα ενυδρα.

prétexte de recherche scientifique, commettent des cruautés sans nom sur les animaux.

Quoi de plus cruel, en effet, que de se livrer à de mauvais traitements sur des êtres auxquels nous ne pouvons refuser ni la sensibilité ni l'intelligence, ni les qualités morales dont nous sommes le plus fiers, l'affection, la tendresse !

Il fallait toute l'assurance d'un théologien pour refuser l'intelligence et le sentiment aux animaux. Origène, en combattant les doctrines de Celse le naturaliste-philosophe, alla jusque-là, sans tenir aucun compte des faits et uniquement préoccupé de soutenir sa thèse; tant il est vrai que les raisonneurs et les théologiens surtout, ne reculent devant aucune absurdité pour défendre le système qu'ils se sont créé dans leur cervelle et qui leur fausse complétement l'esprit. Origène ,au surplus, avait donné dans d'autres circonstances la mesure de son extravagance et de son égarement. Il ne fut pas malaisé à Celse de le battre sur son propre terrain et de se moquer agréablement de ses phrases pompeuses, qui cachaient mal le vide absolu des idées.

Dans les ténèbres du moyen âge, lorsque les idées religieuses faisaient tout rapporter à l'orgueil humain, à l'âme humaine, les belles doctrines des sages des anciens temps ont été négligées et oubliées. A peine quelques saints pleins de tendresse et de bonté, tels que François d'Assise, ont rappelé par d'éloquentes paroles, à l'homme, sa parenté avec les animaux. «Mon frère le loup, ma sœur la colombe (1), »

1. Fioretti.

disait ce grand saint, mais sa voix perdue dans l'indiffé-
rence et dans la barbarie tombait dans le désert et ne trouvait pas d'écho chez les hommes de son temps.

Plus tard une secte de philosophes est venue, qui, à
l'instar des sophistes anciens, a soutenu que les animaux
étaient de pures machines dépourvues de sens et d'âme.
Ils ont assuré que leurs cris de joie, d'amour et de douleur
étaient le produit d'un mécanisme très-bien agencé qu'ils
avaient dans l'intérieur du corps, qu'ils avaient l'air de
sentir et de souffrir, mais que cette sensibilité et cette souffrance n'étaient qu'apparentes; ce n'étaient que des mouvements bien combinés et purement mécaniques. Le sang
de leurs veines, les larmes de leurs yeux n'étaient pas du
sang et des larmes, mais un vain simulacre qui en avait
toute l'apparence, tous les éléments, mais qui n'en avait
pas la réalité. C'était toujours un résultat mécanique des-
tiné par l'Auteur de la nature à conserver la symétrie et
un semblant de gradation dans l'univers, histoire de rire!
C'étaient de faux nerfs, de faux muscles et de faux os que
ceux qui reliaient leurs membres; leurs viscères ne rem-
plissaient qu'en apparence les fonctions de la nutrition et
de la respiration, leurs veines, leurs artères, les membranes
et les muqueuses dont sont tapissées leurs tissus ne se
trouvaient là que pour la forme; leurs yeux n'étaient pas
faits pour voir ni leurs oreilles pour entendre; leurs mouvements n'étaient pas spontanés ni faits pour exprimer la
douleur ni la joie.

Mais, dira-t-on, dans quelle maison d'aliénés, dans quelle
cellule des petites maisons, dans quel cabanon de Bedlam
ou de Charenton, dans quelle académie grotesque, dans

quelle réunion humoristique a-t-on professé de pareilles
doctrines? Quelle étrange aberration a pu conduire à soutenir des thèses pareilles? Quelle espèce d'hommes étaient
donc ceux qui faisaient profession d'une croyance aussi
absurde? Hélas! c'était Descartes l'inventeur de la méthode
de raisonnement qui nous a conduits à la critique moderne,
à la régénération de l'esprit humain; c'était Mallebranche
le grand penseur, le rival de Spinoza, ce qui prouve une fois
de plus qu'il n'est pas de thèse si absurde que l'homme
n'ait soutenue, lorsqu'il s'est agi de défendre quand même
des idées préconçues.

Les poëtes qui sont souvent plus sages que les philosophes ont combattu vivement ces doctrines que, malgré
l'autorité de ceux qui les soutenaient, l'on peut vraiment
appeler étranges. La Fontaine, ce profond penseur, fait une
critique assez juste pour son temps, de la théorie de Descartes :

« Ils disent donc
Que la bête est une machine,
Qu'en elle tout se fait sans choix et par ressorts,
Nul sentiment, point d'âme, en elle tout est corps.
Telle est la montre qui chemine,
A pas toujours égaux, aveugle et sans dessein.
. . . .
Selon eux par nécessité
Sans passion, sans volonté,
L'animal se sent agité
De mouvements que le vulgaire appelle
Tristesse, joie, amour, plaisir, douleur cruelle.
. . . .
Qu'on aille me soutenir
Que les bêtes n'ont point d'esprit.
Pour moi si j'en étais le maître
Je leur en donnerais aussi bien qu'aux enfants.
Ceux-ci pensent-ils pas dès leurs plus jeunes ans ?

> Quelqu'un peut donc penser ne se pouvant connaître.
>   Par un exemple tout égal,
>   J'accorderais à l'animal,
> Non point une raison selon notre manière,
> Mais beaucoup plus aussi qu'un aveugle ressort (1).

Enchaîné par les idées de son temps, La Fontaine ne pouvait pas dire autre chose : mais ne voit-on pas qu'il n'admet que sous bénéfice d'inventaire, les idées qui avaient cours à son époque ? La Fontaine était loin de croire à une très-grande supériorité de l'homme sur les animaux ; et dans la fable suivante, en parlant de la couleuvre prise par l'homme, il dit ironiquement (2) :

> « A ces mots l'animal pervers,
>   C'est le serpent que je veux dire
> Et non l'homme, on pourrait aisément s'y tromper. »

Shakspeare fait dire à un de ses personnages :

> The poor beetle that we tread upon
> In corporal sufferance finds a pang so great
>   As when a giant dies   (3)

« L'insecte qu'on écrase et le géant qui meurent souffrent tout autant. »

Enfin, heureusement pour le bon sens de l'humanité, les théories de Descartes en ce qui concerne les animaux sont restées complètement dans l'oubli ; et une manière de voir plus équitable et plus humaine fait tous les jours de nouveaux progrès.

L'homme a reconnu ; et ce sera peut-être la morale de

1. Fables, Liv. X, 1.
2. Ibid., fable 2
3. *Measure for measure*, act. III, sc. 1.

tout ce travail ; il a reconnu, dis-je, quoique d'une manière encore imparfaite et incomplète, qu'il a des devoirs envers les animaux. S'il est vrai, en effet, que le fin mot de la morale consiste surtout à épargner à autrui des souffrances, l'homme ne devra ni tuer les animaux sans une nécessité évidente ni à plus forte raison les faire souffrir. Même dans la mort, il devra leur épargner le plus de souffrance possible.

C'est à ce point qu'à mon sens, un des grands signes de civilisation de la société moderne est d'avoir pensé à former, dans plusieurs pays, des sociétés protectrices des animaux. En Angleterre, en France, dans le nord de l'Italie, en Suisse, il s'est formé des sociétés de ce genre, qui ont à lutter avec beaucoup d'obstacles, contre les préjugés et la malveillance, mais qui gagnent néanmoins tous les jours plus de faveur. Sans doute en France, la loi Grammont ne protège que les animaux domestiques, de sorte qu'elle paraît faite plutôt en vue du bien-être de l'homme, qu'à un point de vue plus moral et plus large, mais il faut se garder de dédaigner ce qui existe en ce genre, si petit et si insuffisant que cela soit. C'est toujours un acheminement vers une conception meilleure des rapports entre l'homme et la bête, un grain de miséricorde et de bonté de plus qui s'introduit, peu à peu dans nos mœurs.

Hélas ! faut-il le dire ? Un des grands obstacles, à l'introduction de ces belles améliorations, à ce progrès de l'humanité, de la douceur, de la mansuétude, de la miséricorde nous vient de ceux-là même qui devraient en être les promoteurs les plus zélés, de ceux-là même qui devraient se mettre à la tête de toute amélioration, de tout progrès dans les sentiments de l'humanité. Ce sont les savants, les hommes de science qui montrent le plus de férocité envers les animaux qui sont soumis à leur pouvoir. Sous prétexte de faire avancer la science, ils se livrent sur les animaux vivants à des expériences qui dépassent en barbarie tout ce que pourrait inventer l'enfant le plus cruel, l'homme le plus féroce.

La vivisection est une pratique sauvage et n'a jamais abouti qu'à de piètres résultats scientifiques. Le procédé de la vie ne saurait être saisi sur le fait, car du moment que vous intervenez avec vos outils, avec vos instruments de torture et de supplice, vous en déplacez déjà les conditions essentielles et vous introduisez des éléments morbides qui altèrent complètement le sens et la valeur de vos expériences. Vous ressemblez aux enfants qui cassent un meuble, un joujou, une montre, pour voir *ce qu'il y a dedans*. Nous ne nommerons personne parmi les vivants ; mais Magendie qui traitait les bêtes avec tant de cruauté et qu'on trouvait toujours au milieu d'animaux morts ou mourants, tous affreusement mutilés et faisant de son laboratoire un charnier infect, ce savant dit-je, qui, lorsqu'on lui faisait quelques observations sur sa barbarie, se bornait à répondre en ricanant et en montrant les pauvres êtres pantelants sous son couteau : « Ils ne s'amusent pas ici : » quel grand résultat a-t-il obtenu de toutes ces tortures si libéralement infligées ? Son nom marque à peine dans la science (1).

1. Carl Vogt qui parle des vivisections avec la plus complète in-différence arrive néanmoins sur leur utilité à la conclusion suivante, à propos des sections de la moelle épinière: « On peut dire que l'opérateur doit être doué d'un talent tout particulier pour faire ses expériences avec l'exactitude voulue et pour distinguer plus

L'étude minutieuse des mœurs des animaux, celle de l'anatomie comparée, la dissection cadavérique de l'homme et des animaux ; l'étude des fœtus et des embryons à tous les âges ; voilà les grandes sources du progrès de la physiologie et de toutes les sciences naturelles. Mais, dira-t-on, sans la vivisection on n'aurait pas découvert les diverses fonctions des nerfs, leur division en nerfs moteurs et en nerfs conducteurs de la sensibilité, on n'aurait pas découvert les diverses fonctions de certaines parties du cerveau, de la moelle épinière, etc.

A cela je réponds : S'il faut absolument dans certains cas rares et limités, avoir recours à la vivisection, on doit toujours soumettre préalablement les animaux qu'on va opérer à l'anesthésie. On ne doit pas donner au premier étudiant, au premier carabin venu, le droit et le pouvoir de faire des expériences de ce genre, car cela ne peut faire que développer les instincts de cruauté qui couvent dans tous les cœurs et qui sont le résultat et la marque de notre origine animale, l'empreinte héréditaire laissée dans nos cerveaux par la lutte antique, encore plus acharnée pour l'existence. Déjà Shakspeare, du temps de la reine Élisabeth, avait remarqué combien les cruautés pratiquées sur les animaux contribuent à nous rendre féroces (1). Il

tard les suites de l'opération des phénomènes accidentels. Nous ne craignons pas d'affirmer qu'il faudrait presque connaître la personne de l'observateur et avoir assisté à ses expériences pour apprécier le degré de confiance qu'on peut avoir en lui. *Lettres physiologiques*, p. 298.

1. ... Your Highness
Shall by this practice but make hard your hart.
Cymbeline, act. II, sc. 6.

faut au moins que toute opération de ce genre soit guidée
par une main habile et sage, et par un intérêt évidemment
scientifique. Des lois, à mon avis, devraient être faites
dans ce sens et appliquées avec vigueur. A ceux qui me
diraient que ce serait-là mettre des entraves à la science,
je répondrais :

1° Qu'il n'est pas prouvé du tout que ce soit nuire à
l'avenir de la science que de ne pas laisser le pouvoir de faire des expériences cruelles au premier écolier
qui s'en avise.

2° Que les expériences gagneront à être faites sous la direction de professeurs aussi habiles que sages ; et pour
être moins cruelles, elles n'en seront pas moins profitables
à la science.

3° Qu'à supposer que les entraves appportées aux expériences de ce genre dussent dans quelques cas retarder une
découverte, même dans cette hypothèse nous persisterions
dans notre manière de voir. *Nous n'avons pas le droit* de
faire souffrir des êtres sensibles, surtout pour arriver à un
résultat hypothétique. La science, croyons-nous, doit être
subordonnée à la morale. On ne doit pas faire de la science
pour la science comme on a voulu faire de l'art pour l'art.
Que dis-je ? La véritable science ne saurait être séparée de
la véritable morale dont elle est en quelque sorte l'alpha et
l'oméga, car plus on sait et plus on est à même de faire le
bien, d'éviter le mal. Plus on sait et plus l'on a le devoir
de bien faire. La science doit contribuer de même que l'art
à ennoblir l'homme, à développer ses facultés généreuses,
à lui faire connaître la vérité dans la sérénité de l'âme,
dans la virilité, et la plénitude de sa raison. Fut-il même

prouvé que l'obstacle apporté à un acte de cruauté dût retarder d'un jour la découverte d'une vérité, la miséricorde et l'humanité devraient toujours l'emporter.

Si l'homme reconnaît pouvoir torturer impunément les animaux, pourquoi s'abstiendrait-il de torturer les hommes? Certes, les expériences faites sur l'homme seraient mille fois plus utiles que les expériences faites *in animâ vili*. Et pourtant, aucun savant que je sache, n'ose exprimer le regret qu'on ne lui livre pas des hommes à dépecer. Il est donc des considérations qui s'imposent à tous.

Mais qu'on se rassure : loin que les précautions qu'on prendra pour éviter des actes de cruauté soient nuisibles à la science ; elles la feront avancer au contraire (1). Moins on se plaira aux vivisections, plus on aimera les animaux ; plus on étudiera avec soin et attention leurs mœurs et leur nature pendant la vie ; étude bien plus profitable, qu'on le croie bien, que celle qu'on peut faire à travers les lambeaux de chair déchirée, les membres palpitants et sanglants et les cris des animaux pantelants, expirant au milieu des plus affreuses tortures. Moins l'homme aura de passions sanguinaires, plus il sera calme, serein et pur et plus il sera disposé à recevoir, à découvrir, à reconnaître les vérités de la science qui est elle-même un sacerdoce et qui de même que tout sacerdoce a besoin d'un cœur pur et d'un esprit pacifié.

1. Michelet raconte que dans une excursion qu'il fit dans les Alpes avec un professeur d'entomologie pour étudier les chenilles de ces régions, il avait été bien aise de voir que son excursion avait été réellement profitable, et que néanmoins ils n'avaient été *forcés de sacrifier que trois de ces animaux. L'insecte*, préface.

S'il est un principe de morale qui ne puisse être contesté par personne c'est celui, à coup sûr, qui pourrait se résumer par ces paroles : *Epargnez la douleur*. On donne bien souvent aux enfants et même aux adultes des préceptes d'une morale banale qui sont en même temps oiseux et faux. Mais celui-là, on pourrait l'inscrire au frontispice de toute morale humaine, car il repose sur un fait, la douleur, qui n'est autre chose que la manifestation extérieure du mal qui est dans la nature. On pourra faire des objections superficielles, à ce principe, mais qu'on le retourne comme on voudra, la morale, la vraie, ne saurait avoir d'autre base. Ici ce n'est pas le lieu de nous étendre davantage sur ce sujet que nous quittons néanmoins à regret.

Il faut nous arrêter : nous nous croyons bien loin toutefois d'avoir épuisé un si vaste sujet. Nous osons à peine résumer notre œuvre et nous craignons de n'avoir que très-imparfaitement répondu aux questions posées par l'Académie. Cette imperfection, cette faiblesse, il faut l'imputer beaucoup à notre insuffisance, un peu aussi à la difficulté du sujet et à l'ignorance générale où l'on est des premiers principes qui sont toujours recouverts d'un voile impénétrable aux yeux des hommes, malgré les progrès de la science, malgré la fureur d'investigation du savoir moderne et la curiosité insatiable du cœur humain. Esprit et matière sont deux phénomènes de la nature qui se transforment constamment l'un dans l'autre, et qu'il n'a été donné à aucun penseur, à aucun philosophe, à aucun savant de séparer pour les fixer, pour les définir, pour les préciser, pour en tracer les limites. Le fond des choses nous échappe à jamais.

Le fond des choses, c'est-à-dire le fond de notre appréciation des choses et des objets extérieurs varie nécessairement, nous l'avons déjà remarqué, suivant les différences
de l'organisme, tant chez les hommes que chez les animaux. La conformation du corps modifie donc nécessairement les impressions des sens chez tous les êtres et les
mélange d'une part inévitable d'illusion et d'erreur :

« Nur der Irrthum ist das Leben. »

*Nul ne possède ni ne possédera jamais la vérité quelque
effort qu'il fasse.* Le problème de l'absolu restera toujours
insoluble. Nous ne connaissons, nous ne pouvons connaître que des milieux ; et à la question : *Quid est veritas?*
il n'a jamais été fait de réponse.

Aux yeux du vulgaire, ceci peut paraître un mensonge
et un blasphème, mais pour ceux qui se livrent à l'étude
de la nature d'un œil calme et qui n'est pas troublé par les
opinions, par les travers et les accidents d'un jour, ce sera
le plus vrai des axiomes, celui qu'il faudrait graver en
lettres d'or sur le frontispice même de la science dans
laquelle il ne s'agit pas de *croire* mais de *savoir*.

Si donc nous passons en revue les cinq questions posées
par l'Académie, nous verrons que nous ne pouvons y répondre le plus souvent que par un aveu d'ignorance. Nous
avons essayé, en tâtonnant, d'éclaircir quelques points,
mais la solution du problème nous ne l'avons pas trouvée ;
elle est encore enveloppée dans l'ombre et dans le mystère ;
et la science, la vraie science, la science positive ne nous
semble pas assez avancée pour la résoudre entièrement.

Cela posé, voici les cinq questions proposées par l'Aca-

12

démie et les réponses que nous avons cru pouvoir y faire provisoirement :

1° « Quels sont les phénomènes psychologiques que l'on peut consulter avec plus de certitude chez les animaux ? »

Nous avons montré par des exemples que toutes les facultés morales humaines, se retrouvent dans l'animal quoiqu'à un degré différent, suivant la différence des espèces. Le sentiment, la conscience du moi, l'intelligence manifestés par les diverses aptitudes des animaux, l'affection, l'amour de la famille et de la progéniture (1), le dévouement, la tendresse, la volonté persévérante appartiennent aux animaux tout aussi bien qu'à l'homme. Que ces facultés se montrent de bonne heure et très-bas dans l'échelle animale. Que rien n'est plus certain que l'existence de ces facultés telles que nous les avons montrées par des exemples (2) tous puisés soit à notre expérience personnelle, soit aux sources les plus dignes de foi (3). Nous n'avons fait, au surplus, dans bien des cas que citer des faits bien connus de tous les éleveurs, de tous ceux qui habitent la campagne et qui se sont adonnés, si peu que ce soit, à l'observation des animaux. Nous avons montré aussi que de très-grands préjugés existaient sur le compte des

---

1. On a parlé de l'absence d'amour paternel chez les animaux, mais nous l'avons rencontré chez certains reptiles. Chez l'oiseau, le mâle aide la femelle à construire son nid. Mais si chez la plupart des animaux ce sentiment est absent, cela tient peut-être à l'incertitude de la paternité du mâle dans toutes les espèces sans exclure l'espèce humaine, où l'on sait que dans plusieurs codes *la recherche de la paternité est interdite.*

2. Chap. V, VI et VII.

3. Voir la bibliographie.

animaux (1), sur les facultés qu'ils possèdent chez les gens du monde, et même chez ces savants et ces philosophes qui ne se sont pas adonnés à une étude d'observation, à l'observation des faits, veux-je dire, et chez ceux-là surtout qui en ont raisonné à un point de vue théorique et en vertu de principes métaphysiques ou d'idées préconçues quelconques.

2° « Déterminer les lois de ces phénomènes et leurs rapports avec les conditions de la vie organique. »

Nous avons vu que le développement intellectuel des animaux est généralement parallèle au développement et à la complexité de l'organisme; qu'il est généralement en raison du développement relatif du cerveau; mais sur ce point comme sur beaucoup d'autres, il règne beaucoup d'incertitude et d'obscurité, l'anatomie comparée ne nous donnant, dans l'état actuel de la science, que des lumières vagues et incomplètes; que l'étude de la corrélation entre les facultés intellectuelles et le poids, la grandeur, le volume et la substance du cerveau n'avait pas été poussée assez loin pour qu'on pût en tirer des conséquences décisives (2).

Nous avons vu néanmoins que tous les êtres animés sont comme autant d'anneaux d'une chaîne continue et ininterrompue qui irait depuis la plante, depuis le mollusque le plus infime jusqu'aux primates, à l'homme. Que nous ne possédons pas tous les chaînons qui les rattachent les uns aux autres, mais que déjà la science positive est fixée là-

1. Chap. VI.
2. Chap. VIII, voir *Du cerveau* par le docteur Luys.

dessus, quoiqu'elle reconnaisse beaucoup de lacunes et beaucoup d'hiatus.

Nous avons montré que les lois primordiales qui régissent la filiation des êtres sont: la loi d'hérédité, la loi d'adaptation au milieu et de sélection naturelle qui engendrent la grande lutte pour l'existence. Que dans cette lutte les plus forts et les mieux armés survivent seuls, en s'appropriant les qualités essentielles à leur développement et à leur propagation et donnent ainsi naissance à d'autres races plus propres à supporter le nouveau milieu et y vivre, supérieures en un mot. Que la nature n'a pas posé de limites à la propagation des espèces ; que la puissance de reproduction est infinie, mais que l'impossibilité de trouver la nourriture, les aliments nécessaires leur sert d'entrave et de frein constant. C'est là aussi une des causes de la lutte pour l'existence. Que si la production augmente, de nouveaux êtres viennent au jour pour s'en nourrir dans des proportions beaucoup plus fortes et qu'ainsi la disproportion se maintient et le déficit de la nature subsiste éternellement, déficit qui se traduit par toutes sortes de déperditions, d'avortements et de déchets, par des maladies et des infirmités de toute espèce, surtout par la mortalité précoce dans tout le règne végétal et animal. La lutte pour l'existence est aussi puissamment aidée par la loi de l'exercice qui développe de plus en plus les organes qui sont le plus constamment en action, qui deviennent par là les plus nécessaires à l'organisme et fait atrophier et disparaître peu à peu ceux qui sont devenus héréditairement inutiles à la conservation des espèces. Que le temps et l'espace, un temps infini et un espace incom-

mensurable sont les deux grands facteurs des changements
qui s'opèrent dans la nature, à qui le temps et l'espace ne
manquent jamais (1), mais que c'est là une des idées les
moins accessibles à l'esprit humain borné et limité par
essence, pour qui un million, un milliard d'années, un
million de lieues sont déjà des chiffres difficiles à concevoir
et qui masque par les mots d'éternité, d'infini (2), son
impuissance et sa faiblesse.

3° « Y a-t-il des espèces animales qui soient capables de
certains actes d'intelligence et de volonté parfaitement distincts des effets spontanés et irrésistibles de l'instinct?
Quelles sont les lois qui président à ces actes? Quelles sont
les limites dans lesquelles ils sont circonscrits et qui les
séparent absolument de l'intelligence et de la volonté humaines? »

Nous avons montré ou cru montrer (3), qu'aucun acte
d'intelligence et de volonté n'est étranger à aucun animal,
à partir des points les plus bas placés dans l'échelle des
êtres, que l'instinct et l'intelligence se confondent, que
l'instinct n'est que l'intelligence à l'état rudimentaire, la
suite des facultés acquises par les parents et qui semblent
alors se révéler spontanément (4). Que plus l'animal a
d'instinct et plus il a d'intelligence, contrairement à l'opinion anciennement admise et partagée même par Cuvier et
d'autres illustres physiologistes, car il est faux que, même

1. Quoniam mille anni in conspectu tuo.... velut dies hesterna
quæ præteriit. Ps. LXXXIX, 4
2. Chap. IX.
3. Chap. V, VII, VIII.
4. Chap. VII, p. 112.

chez l'homme, l'instinct soit en raison inverse de l'intelligence, ainsi qu'on l'a dit. L'homme le plus intelligent sera
aussi celui qui aura le plus d'instinct, qui aura cette intuition, cette pénétration, cette finesse qui font les grands
penseurs, et sans lesquelles il n'y a pas de génie ; il com-
prendra d'emblée les choses que le vulgaire ne saisirait
qu'après bien des efforts, ou bien il sera incomplet. Que la
volonté et la sensibilité résident dans le cerveau, dans le
cervelet, dans la moelle allongée et dans la moelle épinière, qu'elles se transmettent aux extrémités, aux
membres, aux viscères et aux muscles par des branches
ou des réseaux de nerfs séparés. Que tous néanmoins abou-
tissent au cerveau et font vibrer tout l'organisme; de même
que dans la pile de Volta ou dans un appareil télégraphique,
une seule étincelle électrique met en branle tous les fils à
la fois.

Sans doute, ce procédé de la nature, où l'électricité
semble positivement jouer un rôle prépondérant, est assez
difficile à saisir, de même que les autres opérations du cerveau et le pouvoir de transmission des idées. Ce n'est
qu'imparfaitement et surtout par des comparaisons que
nous pouvons nous représenter la manière dont les idées
et les sensations se transmettent du cerveau aux autres
organes. Nous ne verrons jamais très-clair là-dedans, car
c'est là le travail même et l'essence de la vie; et jamais
nous ne pourrons la saisir sur le fait. Il est bien d'autres
fonctions du cerveau que nous ne pouvons comprendre
qu'approximativement et par à peu près. La manière, par
exemple, dont le cerveau garde les idées et qui constitue
la mémoire et l'association même des idées. On peut com-

parer le cerveau à un objectif de photographie qui retient plus ou moins bien les images des objets et qui en garde le *cliché*. Ce qui est certain, c'est que les images se gravent réellement dans le cerveau qui les garde et en transmet une partie même par voie de génération. C'est même un des faits les plus étonnants de la physiologie que la trans- mission aux enfants des images gravées dans le cerveau du père et de la mère. On a vu des veuves convoler en se- condes noces et avoir du second mari des enfants ressem- blant étonnamment au premier. Il en est de même pour les animaux. Tous les éleveurs savent que lorsqu'on veut avoir une belle race de chevaux ou de chiens, il faut se garder de laisser les mâles ou les femelles s'accoupler in- différemment à des individus appartenant à des races infé- rieures ou même avec les premiers venus, car l'image de ces individus se grave dans leur cerveau et nuit à la beauté des produits, lors même qu'on les accouplerait par la suite aux individus les plus beaux, les mieux faits et de la race la plus pure.

Une autre étonnante faculté du cerveau est celle de redres- ser les images qui, comme on sait, se reflètent renversées dans la rétine; mais l'œil, ou plutôt le cerveau, par le nerf optique, dont le siége est dans le cerveau, dans les corps quadrijumeaux redresse immédiatement l'image et rectifie cette erreur des sens. Il y a là une action du système nerveux aussi difficile à expliquer qu'à comprendre. Il est certain que les divers réseaux nerveux se croisent dans le cerveau et qu'ils s'intersèquent, et que de ce croisement il en ré- sulte d'étonnantes conséquences, dont nous avons de la peine à nous rendre compte.

Nous avons montré que la vie, ainsi que l'intelligence ou l'instinct sont parfois à l'état latent et peuvent y rester pendant longtemps, comme dans le rotifère et le tardigrade, mais qu'ils se développent tout à coup dans un milieu favorable (1), que leur mode de développement est très-divers et qu'il tient surtout au milieu, (loi d'adaptation au milieu); qu'il tient aussi à l'éducation, surtout dans les animaux supérieurs, à l'éducation, disons-nous, qui n'est qu'une sorte de sélection artificielle et qui se transmet par l'hérédité, (loi de sélection et d'hérédité), que l'instinct d'imitation commun à presque tous les animaux et à l'homme, est un des grands moyens d'éducation qui sont fournis par la nature et qu'on ne sait pas au juste de quoi serait capable le progrès de l'éducation chez l'animal, tant on a vu de résultats surprenants. On ne peut donc pas établir de règle absolue.

Comme corollaire de ce que nous venons de dire, il résulte que l'intelligence chez les diverses espèces d'animaux diffère tout autant que l'organisation elle-même. Un insecte à qui ses antennes donnent une sensibilité si exquise pour les plus menus objets et si différente de la nôtre, un chat chez qui les corpuscules du tact se trouvent à l'extrémité des pattes, seront modifiés tout autrement que nous par les objets extérieurs, et leurs sens transmettront au cerveau des impressions différentes des nôtres.

Nous ne pouvons pas savoir dans quelle mesure cette différence existe. Chaque animal a les facultés qui conviennent à sa conformation, plus ou moins développées

1. Chap. V. Expérience de Spallanzani.

suivant le développement plus ou moins grand de ses organes. L'homme lui-même, l'homme surtout se modifie constamment depuis l'enfance, il modifie constamment ses organes et partant sa conscience, son intelligence et sa volonté. Nous ne nous rendons pas assez compte du point de vue auquel se placent les animaux et des idées que leurs sens, qui diffèrent des nôtres, transmettent nécessairement d'une façon différente à leur cerveau.

Plusieurs sens diffèrent du tout au tout chez les animaux. Nous avons vu (1) que la conformation de l'œil chez plusieurs espèces, surtout chez les animaux inférieurs, était défectueuse, mais le sens du tact lui-même, qui, d'après plusieurs physiologistes et plusieurs psychologues (2) serait le sens par excellence, le sens primordial, qui, par ses modifications, développerait tous les autres sens, diffère considérablement d'une espèce à l'autre, suivant la conformation de la peau, la disposition des poils, l'épaisseur, la sensibilité et la souplesse plus ou moins grande des corpuscules du tact. Quel abîme cela ne creuse-t-il donc pas entre nos sensations et les leurs !

Nous avons trouvé que ce qui distingue principalement l'homme de l'animal, c'est la faculté du langage et tous les produits de cette faculté, qui sont immenses. Mais dans l'état actuel de la science, il est difficile, et il le sera peut-être toujours, de déterminer quelles sont les grandes facultés qui proviennent directement du langage, qui a son siège dans le cerveau, et le développement cérébral qui en

1. Chap. IX. n. 161.
2. Herbert, Spencer *Essay on psichology.*

résulte. On est étonné de voir le progrès, la science et la puissance, qui sont l'apanage de plusieurs familles humaines, et on est tout aussi étonné de voir d'autres races humaines possédant le langage, en possédant du moins quelques rudiments, aussi peu avancées, aussi peu distinctes, aussi peu séparées de la nature animale pure et plongeant encore de toutes leurs racines dans l'animalité, vers laquelle on voit des retours étranges, et inouïs parfois, même chez les peuples les plus civilisés de la terre.

Les Papous, les sauvages de l'Australie, les Fuégiens ne peuvent pas compter jusqu'à quatre, tandis qu'il y a des animaux, les chevaux notamment, et les éléphants, qui peuvent compter jusqu'à cent.

Presque toutes les idées complexes, les sciences, les produits de la pensée réfléchie sont engendrés par le langage, mais néanmoins les animaux ont aussi des idées complexes, montrent de la pensée réfléchie, font des raisonnements(1), se laissent guider par l'esthétique, font œuvre d'art. Les nids des oiseaux, les constructions et les digues faites par les castors, et leur instinct, leur intelligence, sont plus ou moins complets suivant les individus, suivant leur complexion, leur âge et leur expérience. Ce n'est que d'après une observation tout à fait superficielle qu'on a pu dire que chez les animaux il n'y avait pas d'individualité : on n'a qu'à observer, on n'a même qu'à jeter les yeux sur n'importe quelle race d'animaux, même la plus infime, pour constater, au contraire, combien l'individualité est tranchée chez eux.

1. Chap. V, VI et VII.

Ils sont susceptibles de progrès et de perfectionnement; ils ont tous une tendance plus ou moins développée vers la parole, et cherchent à la remplacer par des signes, par des expressions de visage; ils cherchent et trouvent toujours le moyen de se faire comprendre (1). Personne ne leur a refusé la mémoire (2), mais ils ont aussi bien que nous les idées de temps et d'espace dont nous tirons tant de parti et qui nous font calculer les époques et les distances avec tant de précision. Les animaux aussi calculent très-correctement le retour des heures pour leurs besoins. Ils ont plus développée que nous l'idée des distances à franchir, l'instinct ou le sens topographique. Un cheval reconnaît toujours son chemin dès qu'il l'a fait une fois. Un chat, transporté dans un sac cousu dans un lieu où il n'a jamais été, revient immédiatement au lieu de son habitation par le plus court, même s'il y a des cours d'eau, des collines à traverser (3). Mais si ces idées ont plus de précision chez nous que chez eux, ce résultat, nous le devons à la loi d'hérédité qui a développé peu à peu, précisé et fixé définitivement

1. Chap. V.

2. Une des preuves les plus frappantes de la mémoire et de la pensée chez les animaux et que personne ne peut contester, c'est le rêve. Les animaux rêvent comme nous. On voit les chiens agiter leur queue, leurs pattes, pousser des cris plaintifs ou joyeux, japper comme s'ils donnaient la chasse à un animal ou qu'ils fêtaient leur maître dans le sommeil, les tortues remuer leurs pattes et donner enfin des signes non équivoques d'une pensée de la veille gravée dans leur cerveau. Le rêve chez l'homme et chez les animaux est un des phénomènes les plus intéressants à observer. C'est le cerveau livré à lui-même et qui travaille avec ses propres matériaux, mais un pareil sujet nous entraînerait trop loin et il faudrait un autre livre pour le développer.

3. Expérience faite par moi-même.

chez nous ces prétendues catégories de l'esprit humain.

Enfin et dans les principaux traits, les animaux possèdent les facultés, les affections et les penchants que nous
possédons, différemment modifiés suivant la diverse conformation de leurs organes. De même qu'ils partagent avec
nous l'air et la lumière, la chaleur et la nourriture, de
même ils éprouvent les affections morales que nous éprou-
vons. Le plaisir et la douleur, la confiance et la crainte,
l'émulation et la honte, le contentement de soi et la mortification et le repentir, l'amitié, la sympathie et la répulsion, l'angoisse et la volupté leur sont communes avec
nous. Comme nous ils vivent et comme nous ils meurent ;
comme nous ils souffrent, comme nous ils pleurent, comme
nous ils aiment. Comme nous, ils viennent un jour, une
heure, s'abreuver à la fontaine de la vie éternelle, pour
disparaître à jamais comme nous, dans la mer sans rivage
du néant.

En un mot : RIEN NE LES SÉPARE ABSOLUMENT DE L'INTEL-
LIGENCE ET DE LA VOLONTÉ HUMAINES.

4° « Quelles sont les conséquences que l'on peut tirer
des phénomènes psychologiques de la vie animale par rapport au principe de ces phénomènes ? »

Cette question dépasse de beaucoup les limites de la
science. Nous avons essayé d'y répondre en répondant à la
question précédente. Nous avons dit : RIEN NE LES SÉPARE
ABSOLUMENT DE L'INTELLIGENCE ET DE LA VOLONTÉ HUMAINES.
Mais quant au principe de cette intelligence et de cette volonté, soit dans l'homme, soit dans les animaux, il est encore un mystère pour nous. Nous voyons bien que toutes
nos facultés morales et intellectuelles résident dans le cer-

veau qui transmet par les nerfs et par les autres tissus ses
volontés et ses injonctions aux muscles et aux membres,
nous savons que chacun de ces actes, spirituel ou matériel,
détermine un développement plus ou moins fort de chaleur (1), nous voyons la succession, la filière et le développement des facultés cérébrales dans l'échelle des êtres,
mais le comment nous échappe.

Esprit et matière, âme et corps, ces mots n'expriment
rien de distinct dans la nature; ils n'expriment que notre
manière d'envisager les objets extérieurs, soit que nous
les considérions au point de vue de l'étendue, soit que
nous les considérions au point de vue du mouvement et de
la force, et après les avoir séparés, analysés et tamisés en
quelque sorte dans notre cerveau (2). *Le fond des choses
nous échappe à jamais.*

5° « Examen critique des différentes théories par lesquelles les philosophes et les physiologistes ont essayé
d'expliquer l'intelligence et la sensibilité des animaux. »

Notre manière d'envisager la question est, à notre point

1. Chap. II, p. 2 .
2. L'ancienne école psychologique soutenait la doctrine de la
distinction et de l'unité de l'âme, (l'âme point unique); elle la fon-
dait sur la prétendue   , sur l'*immédiateté* de la sensation. Or
M. Helmholtz a mesuré p   une machine ajustée au mouvement d'une
horloge et assez ingénieuse, mais dont il serait trop long de donner
ici la description, le temps que mettent les sensations pour être
transmises au cerveau. L'impression n'est donc pas immédiate ; et
elle diffère suivant les individus. Elle se décompose en des cen-
tièmes et en des millièmes de seconde, temps inappréciable pour
nous mais amplement suffisant à démontrer l'inanité de la prétendue unité de sensation. L'on peut ajouter à cette démonstration
les cas de double conscience dont nous avons déjà parlé et nous
verrons que l'âme se compose de pièces et de morceaux tout aussi
bien que ce que nous appelons le corps.

de vue, le résultat et la conséquence des progrès de la science positive, des découvertes de la philosophie moderne. Nous nous sommes très-peu arrêté aux théories et aux doctrines des anciens philosophes et même des métaphysiciens modernes (1). Nous n'avons cité des anciens, que ce qui était fondé sur l'observation des faits.

Dans ces sortes de questions nous n'attachons d'importance qu'aux résultats de la vraie science, de la science positive et moderne, fondée sur l'anatomie comparée, sur la géologie, sur l'histoire naturelle, sur la physique, sur la physiologie, sur la pathologie, sur l'embryologie et sur la morphologie. Toute doctrine métaphysique, de même que toute idée préconçue ne peut être qu'une source de trouble et d'erreur. Les élucubrations individuelles n'ont donc pas de valeur à nos yeux. La science moderne seule, avec tout son cortége de faits d'expérience et d'observations, peut porter quelque jour dans cette matière difficile et épineuse. Tout concourt néanmoins à nous montrer la petitesse de l'homme et la place infime qu'il occupe avec les animaux, ses semblables et ses compagnons d'infortune.

Déjà, par la science positive, nous avons obtenu des résultats considérables, nous avons pu résumer en quelques traits les lois les plus essentielles qui gouvernent la nature aidées et favorisées par le temps, qui développe les germes de toute chose et fait venir à maturité les fruits les plus verts et les plus acerbes, de même qu'il

1. Voir cependant au commencement de ce chapitre.

anéantit et plonge dans l'éternel oubli les choses qui nous paraissent, les plus importantes et les plus précieuses.

Απανθ' ὁ μακρὸς κἀναρίθμητος χρόνος
φύει τ'ἄδηλα καὶ φανέντα κρύπτεται (1) (2).

1. Sophocle, Αιχς, 646-47.
2. M. Caro dans son article: *La morale de l'avenir*, *Revue des Deux-Mondes* 1875, 1er octobre, accuse le darwinisme de prêcher la morale la plus barbare, en recommandant d'aider la nature dans son œuvre d'élimination des êtres faibles et chétifs et qui sont déjà la proie de la mort pour ne pas nuire à la loi de sélection et d'amélioration des races. La charité, la compassion, et la miséricorde seraient, par conséquent, bannies du darwinisme.

Rien n'est plus faux, toutefois, que cette manière d'interpréter la doctrine de Darwin. Le darwinisme bien entendu veut qu'on secoure tous les êtres faibles, difformes et malsains, qu'on tâche de les guérir par tous les moyens qui sont au pouvoir de la science. Dans le cas, où ces moyens échoueraient, il veut qu'on soulage et qu'on améliore autant que possible leur sort. Il est à désirer seulement que les êtres qui se trouvent dans cet état d'infériorité physique aient assez de raison pour renoncer au mariage, pour ne pas mettre au monde des êtres nécessairement voués au malheur et à la souffrance. Qu'y a-t-il de dur et d'inhumain dans cette manière de voir ? Est-ce d'une bonne morale que de vouloir que la souffrance et le mal se propagent dans l'humanité plus que de raison ? Si c'est là la morale du passé, avouons que la morale de l'avenir lui est supérieure.

BIBLIOGRAPHIE

Blanchard. — Métamorphoses des insectes.

Darwin. — Origin of species. Variations by domestication in animals and plants. Descent of man.
Expression of emotions in animals and man.
Voyage round the world.
Climbing plants.
Insectivorous plants.

Geiger. — Ursprung der Sprache.

Goethe. — Bildung und Umbildung organisches naturen.

Haeckel. — Die naturliche Schopfungsgeschichte die Anthropogenie.

Hellwald. — Die Culturgeschichte.

Helmholtz. — Wechselwirkung der Naturkrüfte.

Herbert spencer. — Principles of psychology.

Huxley. — Lai sermons.

Lyell. — Antiquity of man. Principles of geology.

Vogt. — Leçons sur l'homme.
Lettres physiologiques.

Wundt. — Vorlesungen über Menschen-und Phierseele. Sehrbuch der Physiologie der Menschen.

TABLE ALPHABÉTIQUE

TABLE DES MATIÈRES

CHAPITRE II.

PÉRIODES GÉOLOGIQUES.

CHAPITRE III.

PÉRIODES GÉOLOGIQUES (*Suite*).

CHAPITRE IV.

TRANSITION ENTRE LE RÈGNE VÉGÉTAL ET LE RÈGNE ANIMAL. — LES INVERTÉBRÉS.

CHAPITRE V.

LES INVERTÉBRÉS (*Suite*).

CHAPITRE VI.

LES VERTÉBRÉS.

CHAPITRE VII.

LES MAMMIFÈRES.

CHAPITRE VIII.

LES MAMMIFÈRES (*Suite*). — L'HOMME.

CHAPITRE IX.

COUP D'ŒIL RÉTROSPECTIF ET RÉSUMÉ.

CHAPITRE X.

RAPPORTS ENTRE L'HOMME ET LES ANIMAUX.

410. — ABBEVILLE. — TYP. ET STÉR. GUSTAVE RETAUX.

LIBRAIRIE GERMER BAILLIÈRE ET Cⁱᵉ

BIBLIOTHÈQUE DE PHILOSOPHIE CONTEMPORAINE

FORMAT IN-8°

Volumes à 5 fr., 7 fr. 50 et 10 fr.

BARNI (JULES). **La morale dans la démocratie.** 1 vol.   5 fr.

AGASSIZ. **De l'espèce et des classifications,** traduit de l'anglais par M. Vogeli. 1 vol.   5 fr.

STUART MILL. **La philosophie de Hamilton,** traduit de l'anglais par M. E. Cazelles. 1 fort vol.   10 fr.

STUART MILL. **Mes mémoires.** Histoire de ma vie et de mes idées, traduit de l'anglais par M. E. Cazelles. 1 vol.   5 fr.

STUART MILL. **Système de logique** déductive et inductive. Exposé des principes de la preuve et des méthodes de recherche scientifique, traduit de l'anglais par M. Louis Peisse. 2 vol.   20 fr.

STUART MILL. **Essais sur la Religion,** traduit de l'anglais par M. E. Cazelles. 1 vol.   5 fr.

QUATREFAGES (DE). **Ch. Darwin et ses précurseurs français.** 1 vol.   5 fr.

SPENCER (HERBERT). **Les premiers principes,** traduit de l'anglais par M. E. Cazelles. 1 fort vol.   10 fr.

SPENCER (HERBERT). **Principes de psychologie,** traduit de l'anglais par MM. Th. Ribot et Espinas. 2 vol.   20 fr.

SPENCER (HERBERT). **Principes de biologie,** traduit par M. E. Cazelles. 2 vol. in-8° Tome I. 1 vol.   10 fr.

SPENCER (HERBERT). **Principes de sociologie.**   (Sous presse.)

SPENCER (HERBERT). **Essais sur le progrès,** traduit de l'anglais par M. Burdeau. 1 vol. in-8°. 1877.   5 fr.

LAUGEL (AUGUSTE). **Les problèmes.** (Problèmes de la nature, problèmes de la vie, problèmes de l'âme.) 1 fort vol.   7 fr. 50

SAIGEY (ÉMILE). **Les sciences au XVIIIᵉ siècle,** la physique de Voltaire. 1 vol.   5 fr.

JANET (PAUL). **Histoire de la science politique** dans ses rapports avec la morale. 2ᵉ édition, 2 vol.   20 fr.

JANET (PAUL). **Les causes finales.** 1 vol. in-8°. 1876.   10 fr.

RIBOT (TH.). **De l'Hérédité.** 1 vol.   10 fr.

RIBOT (TH.) **La psychologie anglaise contemporaine.** 1 vol. 2ᵉ édition. 1875.   7 fr. 50

RITTER (HENRI). **Histoire de la philosophie moderne,** traduction française, précédée d'une introduction par M. P. Challemel-Lacour, 3 vol.   20 fr.

FOUILLÉE (ALF.). **La liberté et le déterminisme.** 1 vol. 7 fr. 50

LAVELEYE (DE). **De la propriété et de ses formes primitives.** 1 vol.   7 fr. 50

BAIN. **La logique inductive et déductive,** traduit de l'anglais par M. Compayré. 2 vol.   20 fr.

BAIN. **Des sens et de l'intelligence,** traduit de l'anglais par M. E. Cazelles. 1 vol.   10 fr.

BAIN. **Les émotions et la volonté.** 1 fort vol.   (Sous presse.)

ARNOLD (MATTHEW). **La crise religieuse.** 1 vol. in-8°. 1876. 7 fr. 50

BARDOUX. **Les légistes et leur influence sur la société française.** 1 vol. 1877.   5 fr.

HARTMANN (E. DE). **La philosophie de l'inconscient,** traduit de l'allemand par M. D. Nolen, avec une préface de l'auteur écrite pour l'édition française. 2 vol. 1877.   20 fr.

ESPINAS (ALF.). **Des sociétés animales,** étude de psychologie comparée. 1 vol.   5 fr.

410. — Abbeville. — Typ. et stér. Gustave RETAUX.

Documents manquants (pages, cahiers...)
NF Z 43-120-13

www.ingramcontent.com/pod-product-compliance
Lightning Source LLC
Chambersburg PA
CBHW072221270326
41930CB00010B/1945